Couvertures supérieure et inférieure
en couleur

In Copertina:
Avvertenza. - Programma. -
  Annunzi.

PRIMA SERIE

I.

CARTEGGI ITALIANI

INEDITI O RARI

ANTICHI E MODERNI

RACCOLTI ED ANNOTATI

DA

FILIPPO ORLANDO

FRATELLI BOCCA

Librai di S. M. Il Re d'Italia

FIRENZE
Via Cerretani, 8

ROMA   TORINO
Corso, 216   Via Carlo Alberto, 3

DEPOSITI

PALERMO   NAPOLI   CATANIA

1892.

Ogni volume sta e si vende separatamente.

GIORNALE DI ERUDIZIONE

Corrispondenza Letteraria, Artistica e Scientifica

RACCOLTA DA

FILIPPO ORLANDO

Condizioni di Associazione

Il **Giornale di Erudizione** si pubblica in Firenze, una o due volte il mese, in fascicoli di 16 o di 32 pagine, in-8 piccolo, in **carta a mano**, con copertina, pure in **carta a mano**, stampata a 2 colori. **Ventiquattro** quaderni di 16 pagine formano un volume che, oltre il frontespizio e l'indice copiosissimo, ha una coperta elegante. L'associazione è a volumi; il prezzo per ogni volume è:

In Italia di L. 12 - All'Estero di L. 16.

Il *Giornale di Erudizione* pubblica in ogni numero otto e più pagine di *Bollettino bibliografico*, che non essendo comprese nei quaderni promessi per ogni volume, vengono date come dono a' soci.

Direzione ed Amministrazione
presso i

FRATELLI BOCCA EDITORI

LIBRAI DI S. M. IL RE D'ITALIA

FIRENZE
Via Cerretani, N. 8.

BIBLIOTECHINA GRASSOCCIA

Capricci e Curiosità Letterarie Inedite o rare

FRATELLI BOCCA, Editori. — Firenze, Torino, Roma, Napoli

AVVERTENZE

—※—

Se in fondo alle lettere non è indicato il nome di chi ne possiede l'originale, dovrà intendersi sempre esser questo posseduto dalla *Biblioteca Nazionale Centrale di Firenze*; così pure, quando in nota non è detto il contrario, deve ritenersi che le lettere riprodotte sono *inedite*, o che almeno tali sono state giudicate dopo coscienziose ricerche.

Le lettere raccolte in questo volume, che vuol presentarsi come saggio dell'opera, non hanno alcun ordine prestabilito; spesso l'ordine è venuto loro dalle esigenze tipografiche. Principale intento è stato quello della varietà, quello di riunire le lettere in modo che ogni piccolo gruppo di esse possa dare una pagina attraentissima ed importantissima della vita italiana, risguardata dal lato politico o letterario, dal lato artistico o scientifico.

Un ordine vero e proprio, sotto ogni aspetto compiuto, avrà poi la *Serie* con apposito volume, in cui d'ogni autore saranno registrate le lettere cronologicamente, e in cui tutti i nomi e le cose notevoli avranno alfabeticamente il loro posto.

Avevo in animo da principio di larheggiare nelle annotazioni, ma ho dovuto ricredermi, perchè non sarebbe stato sufficiente il dedicarvi un buon terzo del volume; mentre d'altra parte tale copiosità mi avrebbe condotto ben lontano dall'ufficio di modesto raccoglitore.

Le lettere, a mano a mano, s'illustreranno l'una con l'altra, e ora com'ora, basterà l'aver dato, dove mi è parso più opportuno, qualche notizia brevissima, e l'esser venuto in ajuto alla memoria del lettore intorno a que'nomi che i dizionarj e le enciclopedie nostrane, abborracciature delle forestiere, hanno del tutto dimenticato.

Agli originali mi sono mantenuto fedelissimo; soltanto ho corretto qualche erroruzzo di ortografia, caduto nella fretta dello scrivere, e che del rimanente avrebbe di certo corretto o lo scrittore da sè, o il proto di una stamperia qualsiasi. Allo stesso modo, quando mi è riuscito di ritrovarne l'origine, ho corretto le citazioni, buttate giù alla lesta e spesso a senso. Nelle lettere di donne, e di artisti non ho toccato nulla, per non sciupare ciò che in loro può esser tipico. Dove, infine, lo scrittore medesimo, pubblicando, avrebbe indispensabilmente dovuto mettere de' *puntini*, o per rispetto a sè, o per rispetto agli altri, gli ho messi anch'io.

Sarò sempre gratissimo a coloro che vorranno essermi cortesi di notizie d'ogni maniera, di schiarimenti, di accenni, poco o punto noti, sui fatti o sulle persone di cui è parola nei *Carteggi* che vo' raccogliendo; e darò luogo a tutto, nominando i benevoli cooperatori, nel volume degli indici che dovrà essere il compimento di ogni serie.   FILIPPO ORLANDO.

Scopo di questa Raccolta.
Modo di pubblicazione. Condizioni di abbonamento.

Fra i libri più importanti delle antiche e moderne letterature, gli espistolarj hanno primissimo luogo. In essi il pensiero e l'animo dello scrittore si manifestano schiettamente e liberamente; e del

(*Cont. in terza pag. della copertina*).

tempo in cui visse, degli avvenimenti di cui fu parte o spettatore, degli uomini che conobbe, delle cose ch'ei vide, ne abbiamo la più sincera testimonianza. Gli epistolarj riuniscono documenti preziosissimi di storia politica e letteraria, artistica o scientifica ; non documenti officiali, meditati, accomodati ad uno scopo determinato; ma documenti che aprono il campo, in tutti i suoi varj aspetti, allo studio dei tempi e allo studio del cuore um no.

Ma gli epistolarj, è cosa notissima, sono di difficile compilazione : a volerli dare il più possibilmente compiuti, occorrono molti anni di ricerche. Talvolta, appena appena hanno veduto la luce, vengono fuori altre lettere, o nei giornali, o nelle pubblicazioni per nozze, e rendono già necessario un rifacimento, una nuova edizione, una voluminosa appendice. Di più: le lettere dei mediocri raramente trovano raccoglitori; eppure anche queste hanno pregi grandissimi per la molteplicità delle notizie che rac chiudono sui fatti, sugli uomini e sulle cose; spesso anzi la loro importanza supera quella delle lettere di scrittori già venuti in fama.

A questo modo se la nostra letteratura possiede, è vero, parecchi epistolarj, rilevantissimi sotto ogni rapporto, molti altri di non minor valore però, sono ancora da fare; molti dei pubblicati sono da rendere più compiuti : vi è insomma un numero grandissimo di lettere che sono del tutto inedite, o di altre molte che hanno veduto sparsamente e in particolari occasioni la luce, ma in così pochi esemplari da doverle risguardare quasi come non mai pubblicate.

A raccogliere le une e le altre è appunto dedicata questa collezione. Sarà come un archivio, dove gli epistolarj esistenti troveranno a mano a mano il loro compimento, e dove, senza aver luogo di sottostare ad alcuna delle regole che governano la compilazione di essi, verranno riuniti scritti importantissimi per la storia politica e letteraria.

Molte ragguardevoli e gentili persone che hanno conosciuto la nostra idea, ci sono state larghe d'incoraggiamento e ci hanno favorito molte lettere per effettuarla; ma dove abbiamo trovato fonte quasi inesauribile è nella Biblioteca Nazionale Centrale di Firenze. Quivi si va mettendo assieme, ed è a buon punto per qualità e quantità, quell'Archivio della letteratura, alla cui istituzione attendono in Germania uomini eminenti; e quivi per i nostri volumi, è un tesoro di manoscritti inediti, continuamente accresciuto e ordinato con vera dottrina e cura amorosa dal Prefetto, il sig. cav. Desiderio Chilovi, e dal Conservatore, il sig. cav. Barone Bartolommeo Podestà.   F. O.

Ogni volume in-8 piccolo, stampato su bella carta, avrà non meno di 10 foglietti (160 pagine); starà e si venderà separatamente dai principali Librai del Regno, al prezzo di **2 Lire.**

Sei volumi comporranno una serie. Ogni serie avrà un volume d'indice alfabetico, copiosissimo. Si pubblicheranno all'incirca due serie l'anno. È aperta l'associazione alla prima serie. Coloro che manderanno un vaglia di **L. 10** (dall'estero L. 12) ai Fratelli Bocca, Editori, Firenze, riceveranno franchi di porto i 6 volumi della prima serie, nonchè il relativo volume d'indice che, dato in dono a socj, sarà poi messo in commercio al prezzo di **2 Lire.**

PRIMA SERIE

I.

CARTEGGI ITALIANI

INEDITI O RARI

ANTICHI E MODERNI

RACCOLTI ED ANNOTATI

DA

FILIPPO ORLANDO

FRATELLI BOCCA
Librai di S. M. il Re d'Italia

FIRENZE
Via Cerretani, 8

ROMA   TORINO
Corso, 216   Via Carlo Alberto, 3

DEPOSITI

PALERMO   NAPOLI   CATANIA

1892.

Ogni volume sta e si vende separatamente.

Proprietà letteraria

Firenze, 1892. - Tipografia di Egisto Bruscoli, Via dell'Anguillara, 18

CARTEGGI ITALIANI

INEDITI O RARI —— ANTICHI E MODERNI

Monsieur, Monsieur Vieusseux, Directeur
du Cabinet de lecture à Florence en Toscane (Italie).

Chiarissimo Signore,

Sono più mesi che io volevo scriverle, ma ne
fui sempre impedito, parte dalle occupazioni scolastiche e dai fastidii tipografici, parte da iterate
indisposizioni. Sarebbe ora intempestivo l'entrare nelle critiche mosse in principio contro il
mio libro, e da Lei esposte con tanta amorevo-
lezza; perchè alcune cosarelle da me pubblicate
in appresso avranno in parte dissipati i sospetti
di alcuni eccellenti, che non mi conoscevano e
chiosavano i miei detti sinistramente. Havvi però
ancora un presupposto che mi riguarda, da Lei
toccato colla solita cortesia in una lettera recente al Sig. Méline. Il quale presupposto si è,
che io dettando il *Primato* (1) sia stato in preda
a certe illusioni, che gli eventi posteriori avreb-

(1) Il Gioberti in una lettera al Baracco, in data del
20 ottobre 1842 (Cfr. BERTI. *Di Vincenzo Gioberti*, Lettere, etc. Firenze, Barbèra) scriveva : « Ho in questo punto
un *lavoretto* per le mani, che mi pare di qualche maggior momento che la pugna contro l'ente possibile » ; ed
in altra lettera al medesimo, del 17 novembre 1842 « Riguardo alla nuova opera, mi sono aggiustato col Méline.
Sarà un *discorsetto* non solo sul Papa, ma sull'Italia, etc. »
Il *lavoretto* o il *discorsetto* diventò poi il *Primato morale
e civile degl' Italiani*.

bero sicuramente dissipate, quando io fossi stato soggetto alle influenze di esse. Nè io mi meraviglio che siasi portato questo giudizio, come quello che naturalmente risultava dal tenore della mia scrittura. Ma Ella, umanissimo Signore, mi crederà, se io Le dico, che non fui mai sedotto da tali illusioni; di che le persone di senno, colle quali da dieci anni pratico qui in Brusselle, possono rendermi buon testimonio. Per dichiararle appieno il concetto che mi guidò la penna, dovrei scrivere un libro. Tuttavia Ella è così sagace, che posso con due parole esprimerle almeno in parte il mio pensiero affidandomi di esserne inteso. Io sono fermamente convinto che ai mali d'Italia non v'ha per ora altro rimedio possibile che le riforme; e che queste avrebbero luogo senza alcun fallo, quando fossero comandate dall'opinione. Ma questa opinione, cioè una opinione forte, unanime, moderata, sapiente, e fonte principalissima d'ogni miglioramento sociale, (giacchè anche le violente rivoluzioni non riescono, se non sono corroborate, promosse, sostenute dall'opinione pubblica) in Italia non si trova. Bisogna dunque crearla. A tale effetto uopo è che ci concorrano, se non tutte, almeno la maggior parte delle persone religiose, e sovrattutto Roma; giacchè quando si abbiano contro la religione e Roma, non vi sarà mai alcun tentativo che riesca nella patria nostra; e chi stima il contrario non conosce gli uomini, nè i tempi. Io mi proposi dunque di scrivere un libro, in cui tutte le riforme e i miglioramenti possibili a farsi, senza ricorrere alla violenza, fossero almeno accennati; e di scriverlo in modo, che potesse andare liberamente attorno per tutta la penisola, e fosse alle persone pie specialmente grato ed accetto. E io sarei riuscito nel mio intento, senza un ostacolo che non previdi, nè potea prevedere quando posi la mano all'opera. Imperocchè senza le follie della G[iovine] I[talia] (le quali oggimai sono tali da parer quasi incredibili), il mio Primato non sarebbe stato interdetto in nessuna parte d'Italia, e si leggerebbe persino nel regno Lombardoveneto; giacchè il mio silenzio assoluto sopra un certo articolo mi fu suggerito da questo rispetto. E se debbo giudicare dell'effetto che avrebbe partorito nei vari stati di quello che sortì in Piemonte, dove si vende quasi liberamente, io mi affiderei d'aver fatto cosa non affatto inutile, e di avere offerto anch'io il mio obolo pei bisogni della comune patria. Ma se avessi scritto diversamente, non avrei certo potuto conseguire il mio fine; non avrei potuto ottenere che un libro in cui si chiama, posso pur dirlo, una rivoluzione pacifica e civile d'Italia, si vendesse in Roma, come si fece per più mesi, prima che le trame interne e le instanze straniere non cagionassero il divieto. E io potei parlare, come feci, senza mentire alla mia coscienza, perchè sono persuaso in effetto delle dottrine da me esposte. Se non che, si trovano in queste due parti; l'una delle quali è effetto ideale, e io non sono talmente semplice e ignaro del secolo in cui vivo, da credere che possa effettuarsi. Ma le idee d'impossibile eseguimento sono più utili, quando giovano a infiammare gli spiriti, e ridestando in essi il sentimento delle proprie forze, a sollevarli dalla bassezza, in cui sono caduti, proponendo loro la prospettiva allettatrice di un magnifico, benchè lontano, avvenire. Ora tali sono i concetti da me espressi sugli ufici civili del clero e del papato. I quali concetti da un canto non sono al dì d'oggi pericolosi all'indipendenza degli stati e dei principii, e dall'altro canto possono giovare assai per ritirare i chierici dalla loro codardía e pusillanimità presente. Imperocchè i corpi, come gli individui, non possono mai fare cose grandi, se non quando hanno un gran concetto di lor medesimi. La piaga principale del cattolicismo ai dì nostri è la viltà e la grettezza degli animi e degli spiriti; le quali sinchè durano, non si avrà mai un clero civile, colto, progressivo, amante della scienza, della libertà e della patria. Ora io chieggo se per rimediare a questo morbo universale del clero e proporzionalmente di tutte le persone religiose, vi sia altro modo più acconcio che quello, di cui feci elezione. Nè il mio Primato o le altre opere da me stampate contengono tutto il mio pensiero; anzi ne sono soltanto una piccolissima parte, della quale non si può fare intero giudizio del rimanente. Imperocchè, a costo di parerle borioso e intollerabilmente superbo, io Le dico pure, che la mia filosofia è più ampia, più imparziale, più comprensiva di tutte le verità utili, a qualunque ordine di cose appartengano, che non tutti i sistemi antichi o moderni, di cui tengo qualche notizia. E son di parere che se potessi estrinsecarne tutto quanto il disegno, quale l'ho concetto nell'animo, avrei l'assenso di molti anche fra coloro che la rigettano con maggior efficacia. Il che farò, se la salute non mi manca; perchè tutti gli altri ostacoli son superabili, e possono rallentare, non impedire, l'effetto.

Io non avrei incaricato il Sig. Méline di spedire costì una scrittura di così poco rilievo, com'è la mia Risposta al Ferrari (1), se non l'avessi creduta opportuna per dissipare certe opinioni che corrono sul mio conto in Italia e in Toscana spezialmente. Io non voleva da principio rispondere al Ferrari; ma parecchi amici di Parigi, e qui in Brusselle il sig. Quetelet mi mostrarono la necessità di ribattere certe calunnie che possono riuscir credibili a chi non mi conosce. La stessa ragione che m'indusse a scrivere, mi fa desiderare che lo scritto sia divulgato al possibile, e m'indusse anche a inserirlo nel 3° vol. degli Errori (2), che in breve uscirà alla luce. Tanto più che questo componimento sarà l'ultimo in cui io parlo della mia persona; e tacerò d'ora innanzi, ancorchè fosse di nuovo assalito; perchè

---

(1) La Risposta a uno scritto polemico che Giuseppe Ferrari aveva pubblicato nella *Revue des Deux-Mondes* del 15 maggio 1844.

(2) *Degli Errori filosofici di Antonio Rosmini* per VINCENZO GIOBERTI. Brusselle, Vol. 3.

l' autore in questo argomento è non meno fastidioso a me stesso che a chi legge le mie opere.

A proposito del Sig. Méline ho inteso dire che in Toscana e in altri luoghi d' Italia i miei libri furono talvolta venduti a un prezzo disorbitante. Se il fatto è vero, non vorrei che si credesse che la cosa sia succeduta di mia volontà o partecipazione. Io serbo la proprietà dei manoscritti, e non guadagno delle mie opere che un franco per ogni volume che si vende. Tal' è il contratto da me passato col Sig. Méline. Ella mi farà somma grazia a notificarlo, in caso che occorra.

Mi perdoni questa lunga chiacchierata, alla quale fui indotto dal piacere che provo a trattenermi con una persona così gentile e generosa com' Ella è, e così benemerita della nostra Italia. Se posso ubbidirla mi comandi, e mi creda qual mi reco a onore di essere con singolare e affettuosa osservanza

Suo dev:mo servitore

V. GIOBERTI.

Di Brusselle, ai 6 di Agosto, 44. *Institut Gaggia.*

Al Chiarissimo Sig. Giampietro Vieusseux, Dirett.e dell'Ant a
e del Giorn.e Agrario, Firenze.

Parma 15 Ottobre, 1831.

Mio caro Vieusseux. Ho molti debiti colla vostra bontà. Ricevetti il giugno dell'*Antologia* (1);

---

(1) Il rinomatissimo periodico del Vieusseux, che si pubblicò dal gennaio 1821 al 1832.

il 18° dell'*Agrario* (1): e una cara vostra del 1 settembre.

Ultimamente ricevo la vostra 8 ottobre, e dell'*Antologia* 11 luglio. Come potrei ringraziarvi degnamente? Avete ben ragione che è bellissima la conclusione del Lambruschini sui piccioni. Stimo assai più la sua testa, che il cappello di suo zio (2). Desidero il successivo *Agrario*, per vedervi quella vostra gita agronoma. Vorrei sapere chi è L. C. che nel giugno dell'*Antologia* scrisse l'articolo sul Romeo e Giulietta tradotto dal Barbieri (3).

Nella vostra del 1 settembre mi promettevi la lettera che scriveste al governo per le vessazioni fatte all'*Antologia*. Ricordatevi che io ne rimango sempre desideroso. V'invidio la conoscenza del Cav. Sauli (4); che per quel pochissimo che so della sua opera (la quale non è qui, perchè qua non dee venir nulla) dev'essere molto degna persona.

Il Professore Witte di Breslavia (5), è quello che fu costì anni sono? Era molto gentil giovane.

---

(1) Il *Giornale Agrario Toscano* che ebbe principio nel 1826.

(2) Vuol alludere al cappello cardinalizio dello zio di Raffaello Lambruschini, segretario di stato di papa Gregorio XVI.

(3) *Romeo e Giulietta*, tragedia di Shakespeare, tradotta da Gaetano Barbieri. Questo patrizio modenese, per vicende, per ingegno e per cuore fu tra gli uomini più singolari del suo tempo.

(4) Il marchese Ludovico Sauli, dotto piemontese. Quando fu a Firenze, aveva il solo titolo di cavaliere.

(5) Il celebre dantofilo tedesco.

Quando scriviate al bravo Mayer (1) vi prego a riverirmelo caramente. Rimane egli in Roma, o in Livorno?

Mio caro Vieusseux; dovete ben credere che dal 30 agosto non ho scritto al Generale (2), per timore di gravarlo; sapendo che non è mai stato troppo bene. Ma io prego ben voi, per quel che avete di più caro al mondo, che vogliate qualche volta vederlo per me; e il più spesso possibile dirgli che io l'amo sempre con amore infinito; e che sopportando con superbia più che pazienza le altre conseguenze dell'esilio; lo sopporto con dolore, perchè mi separa da lui; col quale aveva sperato di viver sempre. Quando potete datemene nuove; che io le aspetto con dolorosa impazienza. Il Capponi viene a trovarlo e consolarlo; o non può staccarsi dalle braccia della Biscardi? Vedrete costì; forse per tutto inverno il nostro Cicognara (3): ditegli quanto mi dolga non poter essere con voi altri e con lui; e che io lo saluto mille volte. Salutatemi caramente Montani (4): non ho

----

(1) Enrico Mayer, insigne cultore delle dottrine pedagogiche, nato a Livorno, ma d'origine inglese.

(2) Il Generale Pietro Colletta, esiliato dal Governo Napoletano, dimorò dal marzo 1823 in Firenze, e propriamente in una villa del Capponi sulla via Bolognese, dove scrisse la *Storia del Reame di Napoli* e morì agli 11 novembre 1831.

(3) Leopoldo Cicognara, scrittore molto erudito nelle cose di arte.

(4) Giuseppe Montani, cremonese, uno de' più assidui e graditi scrittori dell'*Antologia*. Morì in Firenze nel 1833, mentre toccava appena ai cinquant'anni.

ancora potuto leggere l'ultima *Antologia*: ma il suo bell'articolo sarà il primo

Che diavolo va a fare Leopardi a Roma? perchè lasciare Firenze? che smania d'impretarsi? Io non ci sarò quando egli sarà papa: e mi giova morire prima d'essere obbligato a disprezzarlo. Posso aver pietà dello scempiissimo vicedio Fra Mauro (1): ma che potrei pensare di Papa Giacomo? Caro mio Vieusseux carissimo: con tutta l'anima vi ringrazio e vi abbraccio; e vi prego di tenermi raccomandato a chi non dimentica o non odia il mio nome. Addio, uom raro, e amico prezioso. Quando alle vostre tante e gravi cure potete rubare un mezzo quarto d'ora per consolare questo povero esule; voi mi fate una grande limosina. Addio addio. GIORDANI.

All'Ill.mo Signore
Il Sig. Prof. Gio. Battista Niccolini, a Santa Caterina, Firenze.

Pregiatissimo Signor Giovan Batista,

Due giorni fa ricevei lettera dal Giannone (2) e di essa Le trascrivo le seguenti parole che La riguardano.

---

(1) Mauro Cappellari, monaco Domenicano, che fu poi Papa Gregorio XVI.

(2) Pietro Giannone, autore del poemetto *L'Esule*, morì in Firenze, di ottantadue anni, il 24 dic. del 1873, in una modesta casetta sulla Via Faentina, presso il Ponte Rosso. Era nato in Campo Santo, vicino a Modena, di esule padre napoletano. Dopo il 1822 dovè andare in esilio, e rimase in Parigi fino al 1861. Pubblicata la tragedia *Arnaldo da*

« Ringrazio il Niccolini pel suo nobile invio, e per le care e sentite parole con le quali me l'offre, e che io gradisco tanto, quantunque dubiti forte di non meritarle. Ringrazialo del piacere vivissimo, ed ora pressochè sconosciuto alla povera anima mia, che la lettura del suo bel libro mi ha procurato. Digli che mi ha spesso ridestato l'entusiasmo della mia gioventù, e che oltre la splendida e forte poesia di che fiammeggia per tutto, io lo credo opra di tanto pondo, da fare aprir gli occhi una volta anche a quelli che risolutamente non voglion vedere. Ch'io stimo e venero lui come vero, e gran letterato e filosofo, che l'amo come uomo de' più integri ch'io mi conosca, e come caldo e sincero amatore della patria e del vero, e che mi son rallegrato finora per l'*Arnaldo*, considerandolo come una risposta d'un grand'uomo ad un altro che sventuratamente non è piccolo, a Gioberti nel suo *Primato* d'Italia, e come risposta pure, sebbene profetica, a Balbo. Non ho saputo fino a che nel suo libro (1) costui gravasse sull'*Arnaldo*, perchè aprendolo a caso, mi occorse un passo che me lo fece gettare sde-

---

Brescia, il Niccolini gliene mandò in dono un esemplare. Contro la tragedia scrissero Giuseppe Ferrari, anch'egli esule in Parigi, il Balbo, il Lafarina e il Gioberti. Si cercò che alcuno rispondesse a costoro, e il Vannucci ne diè commissione al Giannone, col quale avea amicizia e corrispondenza di lettere. Cfr. VANNUCCI. *Ricordi della Vita e delle Opere di G. B. Niccolini*, II, 321, 337, 364. Questa lettera chiarisce quello che in questi luoghi è detto.

(1) *Delle speranze d'Italia.*

gnosamente, e non volli più sentirne parlare. Quel passo mi fè dire a chi l'aveva, che il titolo era sbagliato e dovea correggersi con questo — le *Disperanze d'Italia*. — Feci male però a non leggerlo, e ora uscendo vado a procurarmelo.

Ho ben capito quello che occorre e ringrazio te e l'egregio spirito di quell'ottimo perchè mi credete da tanto: così il fatto risponda al cuore come il farò volentieri! Ma di': in quanto al nome che faremo? Il mio nè suona bene, nè pesa nella bilancia. Se ne trovassi qualche altro? e tanto più che deve essere articolo in francese. Pensaci un po': ed in questo caso nè l'autore, nè altri entrerà in iscena mai. Farei accogliere un'idea mia, solamente mia e nata spontaneissima. E così sarebbe infatti se avessi letto il libro del Balbo. Aspetto ansiosamente i materiali e anche tua risposta a questo mio quesito ».

Finquì l'amico. Ora aggiungo io una mia opinione. Giannone desidera di fare un articolo sull'*Arnaldo*: a me pare che bisogni lasciarlo fare. Ciò non è entrare in polemica perchè in quest'articolo Ella non vi entrerà che come autore delle tragedie, e la confutazione del Balbo non sarà che una cosa indiretta. Il dire all'amico che più non scriva l'articolo è togliere una consolazione ad un uomo che nella sua vita è sì sventurato. Ripeto dunque che a me parrebbe bene lasciarlo scrivere. Se Ella approva ciò, come spero, voglia farmi il piacere di accennarmi in due righe le ragioni che a proposito dell'*Arnaldo* qualificano il Balbo per un falsario, ecc. ecc.

In attenzione di una Sua favorevole risposta sono pieno di reverenza

Dev.mo e aff.mo amico

A. Vannucci.

Prato, 12 Giugno 1844.

All'Ornatissimo Sig.re, il Sig.r Avv.to Enrico Franceschi (1), Milano.

Preg.mo Sig. Franceschi,

Non posso che lodarla di avermi taciuto la cagione del grave dolore ond'era afflitto il Cav. Maffei (2), quantunque una separazione di casa fra moglie e marito non possa essere un segreto. Ora il nostro amico me ne ha fatto inteso con una sua lettera, dalla quale rilevo che non essendo venuto meno l'affetto o nell'uno, o nell'altra, avrà presto luogo quella riunione alla quale ogni uomo dabbene è obbligato a consigliarlo.

Ho fatto al Cioni (3) la Sua ambasciata, ed egli

---

(1) L'avvocato Franceschi di Montecarlo in Valdinievole, fu amicissimo del Niccolini e di altri valentuomini. Morì pochi anni sono a Roma, dov'era Bibliotecario del Senato. Di lui sono assai noti i dialoghi di lingua parlata *In Città e in Campagna*, e *L'Arte della Parola nel discorso, nella drammatica e nel canto*.

(2) Andrea Maffei.

(3) L'avvocato G. B. Cioni-Fortuna coltivò la letteratura drammatica, di cui lasciò due saggi nel *Duca d'Atene* e nel *Bedmaro*, che, al suo tempo, suscitarono questioni per via della forma *romantica*. Si volse ancora alla com-

attende il ritorno del Verdi : potrà dire al Sig. Ripamonti (1) che mi mandi lo schizzo del quadro ispirato dal Decamerone del Boccaccio al Podesti (2), e avrà quanto da me desidera, e nel debito tempo.

Il caldo è grandissimo in Firenze : ma questo mi affliggerebbe poco se non avessi perduto il povero Lorenzo Cianferoni mio fattore, e a Lei noto, dopo una lunga, e dolorosa malattia cagionatagli dalla gotta che gli si portò alla vescica. Erano 20 anni che stava al mio servizio, e nella sua rusticità aveva un animo gentile, ed affettuoso, e colla sua onestà rispondeva alla fiducia senza limiti che in lui io aveva riposta.

Siccine nos separat amara mors !

Ella usi, non abusi, la giovinezza che tuttora Le dura, perchè la vita è un viaggio che si fa in diligenza, dalla quale si vede ogni giorno smontare delle persone che ci furono care, e si rimane con quelli che non si conosce, e presto si

---

media e alla poesia, nella quale tentò il genere della lirica storica, prendendo i suoi argomenti più d'ogn' altro dai caratteri storici della rivoluzione francese. Nacque in Buti nel giugno del 1802 ; fu Deputato alla costituente Toscana ; morì in Firenze nel marzo del 1853. Il Niccolini allude ad una risposta del Franceschi intorno a un dramma fatto offrire dal Cioni al Maestro Verdi.

(1) Paolo Ripamonti, librajo-editore Milanese.

(2) *I Novellatori del Decamerone* di Francesco Podesti.

devon lasciare. Le Signore (1) e gli amici La salutano; io sono con tutto l' animo

Suo dev.º S.º ed A.º

G. B.ª NICCOLINI.

Fze 25 Luglio 1846.

P. S. Sarebbe bene di sapere precisamente dal
Podesti quello che ha inteso di esprimere, perchè in qualunque pittura vi è sempre una parte
che rimane un arcano per l'illustratore, se l' artista non lo ammette a parte del suo segreto, e si
corre rischio di non intenderlo, o di fraintenderlo.

Al Ch:mo Sig.re,

Il Sig.re Avv.o Enrico Franceschi, Milano.

Gentiliss:mo Sig.r Franceschi

Eccole l' illustrazione promessa della pittura
del Podesti. Non so dirle con quanta noia me-
scolata di rabbia io abbia scritto questo me-
schino Discorso (2): questi non sono lavori per
me, e bisognerebbe che chi me gli dà se ne ca-
pacitasse. Io non sono più giovine, e voglio per
quanto mi sarà da Dio conceduto, sforzarmi di

---

(1) Allude alle sue amiche, le sorelle Certellini, Carlotta e Geltrude. Aveva conosciuto la Carlotta a Pisa quando
egli era studente ed ella aveva vivo il marito. In casa
Certellini il Niccolini, per più di quarant' anni, fu assiduo
ogni giorno.

(2) Il *Discorso* è intitolato: *I Novellatori del Decamerone, dipinto di Francesco Podesti, illustrato da Gio-
vambattista Niccolini, inciso da Clerici, proprietà del
Marchese Ala-Ponzoni.* È nelle *Gemme d'Arti italiane,*
anno III, pag. 3·9, Milano e Venezia, 1846.

terminare i lavori che ho intrapresi o buoni, o cattivi che possano riuscire. Il mal'umore mio, com' Ella vedrà, si è sfogato dando qualche frustatina, la quale forse farà che non passi alla Censura l' illustrazione. Me la son presa col Cantù il quale nel fine della sua storia criticò quanti poeti ebbe l'Italia da Dante all'Alfieri, facendo grazia al solo Manzoni: ho dato un morsettino anche a lui, il quale scioccamente reputa che si debba scrivere come si parla, e tiene in casa una cameriera toscana che facendogli da maestra della lingua in uso a Firenze, gli ha dato ad intendere che dal popolo si dice *lei* nel caso retto mentre ciò non è vero; e ho fatto noto ai Lombardi quel furfantesco epigramaccio Mancini (1) che mi ha tanto perseguitato a cagione dell' *Arnaldo*.

Quei versi ingiuriosi a tutta l'Italia sono stampati ed è bene che i Lombardi gli conoscano per non lasciarsi vincere dall'opinione del Manzoni, il quale andando dall'eccesso del Monti in un altro eccesso, si argomenta di scrivere come non esistessero libri, ed ancora in quelli non si dovesse studiar la lingua. Se queste cose ed altre dispiacessero, si levin pure, ch' io non ho nessuna tenerezza per questo vomito ch' ho fatto bestemmiando. Terrò segreto al Cioni quanto il Maffei (2)

(1) Lorenzo Mancini, Accademico della Crusca, quando uscì l'*Arnaldo*, per far pompa di zelo e di delazione, scrisse contro il Niccolini ottave piene d' ingiurie che il Giordani chiamò *sozzure*, e *ragghi*, e *grugniti*.

(2) Il Maffei era entrato di mezzo per far accettare al Verdi il dramma del Cioni.

mi scriveva intorno al suo dramma: egli non è in Firenze nulladimeno pel corriere mi ha fatto istanza per aver una risposta. Tocca a lei di piantargli con una Sua lettera qualche carota. Al giovine autore del dramma dirà che l'ho letto, e mi piace moltissimo per la scelta dell'argomento, il partito ch'egli n'ha saputo trarre, la nobiltà dei concetti, e l'eleganza dello stile scevro da ogni affettazione. Se reggesse all'esperimento della scena io non ardisco deciderlo, ed Ella sa meglio di me che sull'esito dell'opere teatrali s'ingannano anche le persone della professione. Lo ringrazj del pregiato dono ch'egli m'ha fatto, e della stima nella quale egli tiene le mie corbellerie. Ho fatto l'imbasciata al Ciardi (1) il quale a dirlo fra noi è un grande indiscreto, e la signora Carlotta ed io glielo abbiamo rimproverato, senza ch'egli potesse sospettare che da lei movesse la giusta querela. Ella conosce l'irritazione alla quale vanno sottoposti i miei nervi, dunque Ella mi scusi per il lamento che faccio sul principio di questa lettera. S'avvicina il mio più gran nemico ch'è l'inverno. Le Sig.re lo salutano, ed io sono con tutta l'anima

Suo Dev.mo Servo ed A:o
G: B:ª Niccolini

Firenze 19 set. 1846.

---

(1) Luigi Ciardi, *giovine di molte lettere*, scrisse il Niccolini medesimo, raccomandandolo alla Rosellini-Fantastici ; e preso dell'Alighieri di tanto amore che egli ne sapeva a mente tutto il suo divino poema.

P. S. La prego ad acquistarmi quest' opera:
Alcuni scritti di Carlo Cattaneo. Milano per Borroni e Scotti 1846. T. I. La consegni al Bonorda
amico delle Tosi che me la farà pervenire fin
qua: mi avverta del prezzo che essa costa ed io
gliela farò tosto pagare da un libraio corrispon-
dente di Le Monnier. Questa lettera Le costerà
molto, ma non è mia colpa: Le rimando il disegno del dipinto del Podesti.

Al Ch.mo Sig.re, Il Sig.r Avv. Enrico Franceschi, Milano.

Gentiliss:mo Sig.r Franceschi

Popolesco (1) 25 Ottobre 1846.

La prego a perdonarmi l' indugio che ho posto nel rispondere alla Sua pregiatiss:ma lettera
del 2 ottobre: ma mi sono venuti addosso moíti
fastidi, e dolori che aggiunti si sono alle scipite
incombenze del mio ufficio che mi obbligano a
scriver lodi e complimenti agli artisti, e ai lor
mecenati eletti, o acclamati a professori, od a
socj onorarj di questa Accademia delle Belle
Arti nell' occasione del concorso ai premi trien-
nali. Ma quello che più mi aflisse è stata la

---

(1) « Fra Prato e Pistoia, non lungi da Montemurlo
dove spirò la libertà fiorentina, siede una villa lieta di
verdi prati, di ombrose selve, di ameni passeggi, detta del
Popolesco, o anche dell'Agna dal vicino torrente ». Con
queste parole il Vannucci, ne' suoi *Ricordi* del Niccolini,
accenna al luogo che fu delizia e riposo del poeta. Egli
la ereditò da Alamanno da Filicaja, suo zio materno, che
morì ai primi di novembre del 1825.

morte del povero Lorenzo mio fattore, che dopo un lungo combattere colla gotta venutagli alla vessica ha dovuto soccombere, e ha lasciato in qualche disordine i miei affari ai quali ho dovuto dar sesto, e per mettervi ordine sono stato costretto a licenziare la Chiarina, rea di falli gravissimi alla quale usando nondimeno misericordia ho regalato cinquanta zecchini, un letto con suo fornimento, etc.

Nel Popolesco, di dove io Le scrivo, ho trovato tre letti da padrone fetidissimi per sudore, perchè il Cianferoni nella sua ultima, e lunga malattia si fece trasportare nella villa, e per fare schermo ai suoi dolori andò di letto, in letto, e non gli mancò assistenza di medici, di frati, di preti, di contadini: insomma morì da padrone, e minacciando fino all'ultimo momento per quel che mi vien detto i suoi vassalli. Ma Dio la cui misericordia è infinita avrà ricevuto in pace l'anima del povero Lorenzo, che se non avesse avuto intorno a se la Chiarina stato sarebbe un uomo perfetto. *Sed vinum et mulieres delirare faciunt sapientes*, e particolarmente quando da vecchi si appassionano per una giovane. La conclusione è che in questa villa havvi tre letti inservibili per ora, ed il quarto che era miglior di questi ho dovuto dare a quella megera della Chiarina, vasello d'ogni frode, e capace di qualunque delitto dopo quello che osò ai danni del suo perseguitato. Ho dovuto annoiarla con questi particolari perchè pure Ella conosca le ragioni che hanno impedito a me, ed alla Sig^{ra} Carlotta di ricevere in questa villa l' ottima Sua sorella come più di lei avremmo desiderato.

La villeggiatura non può andar peggio: la pioggia è tale da temersi una nuova inonda7ione, e se dai miei studj non traessi conforto, morirei qui di noia, e malinconia.

Ella ha fatto benissimo a non prender dal Borroni le opere del Cattaneo: ne farò io ricerca allo Stiniger, pagherò il primo volume e mi soscriverò per quelli che di mano in mano verranno alla luce.

Ella può al mio discorso aggiungere, e tagliar secondo che Le piace: io ho voluto scherzare per togliermi la noia scrivendo questa tantafera: in ciò si vaglia dei consigli del Maffei, e s'egli crede che quello che passa la Censura possa offendere le persone delle quali combatto le opinioni, ma venero l' ingegno, faccia degli altri tagli a quell' aborto che uscì dalla mia povera testa, oppressa dalle noie dolorose delle quali così lungamente io Le ho tenuto discorso. Non dubiti di stampar la Prolusione alle sue lezioni ove a ciò La conforti il Maffei.

Non si sgomenti degli ostacoli perchè *vita hominis militia est usque ad mortem.*

- Combatti e vinci. Le Sue idee sul modo di recitare mi sembrano giustissime: recitar Schiller come l' Alfieri e l'Alfieri come Schiller mi sembra uguale stoltezza. Lodo pure che Ella si dia allo studio del Tedesco, e mi rincresce di non averlo imparato quando ero giovine. La Maria è sposa d' un bel giovine: ma figuri se si la-

scerèbbe baciar da me adesso, neppure da certo
farfallone amoroso ch' Ella conosce. L' ho vista,
e la rivedrò quando sarà guarita da una ga-
strica. La Francesca è perseguitata dal Ciardi,
commensale di Dante: così lo chiamò quella lin-
guaccia del Montazio (1), ed è da noi qualificato
così e convien che ci stia.

Un mio amico il quale crede che in codesta
città si faccia un gran leggere di romanzi francesi pur da molte donne che non conoscendone
la lingua è forza che siano contente delle tradu-
zioni, bramerebbe vendere a qualche libraio le
non poche le quali ha fatte, e posso accertarla
che sono in lingua pulita, disinvolta, e senza affettazione, il che di rado si fa dai traduttori non
toscani che per mostrarsi Cruscanti pongono ac-
canto a dei francesismi parole antiche tolte dal
cimitero. Questa osservazione rimanga fra noi.

Le Sig.re mie amiche la risalutano affettuosa-
mente. Il Vannucci è in Francia, l' Arcangeli (2)
a S. Marcello, e con questo tempo da lupi, con
poca speranza di vederli ancorchè tornassero a
Prato.

Sono con tutta l'anima

Suo Aff.mo A:o

G: B:a NICCOLINI.

PS. Spero di veder qui nel carnevale il Verdi
e il Maffei: mi rechi alla memoria di ambedue.

_____

(1) Enrico Montazio, parente delle Certellini, era uno
de' frequentatori della loro casa.

(2) L'abate Giuseppe Arcangeli di San Marcello Pistoiese.

Al Celebre Signore Gio. Batta Niccolini, Firenze.

Pregiat^{mo} e C^{mo} Sig^{re} Niccolini

Poco dopo ricevuta la carissima Sua lettera scritta dal Popolesco, io mi allettai per una febbre gastrica-reumatica che per 20 giorni mi ha afflitto. Ora però, meno che un' estrema debolezza, posso dirmi perfettamente ristabilito. A questo male hanno certamente dato causa i cibi gravi della trattoria, cui ho dato un bell' addio, e le pioggie continue avute che l' aria di Milano, umida per sè stessa, avendo resa umidissima, ha penetrato tutte le ossa e fatto sorgere un' infinità di malattie.

Venendo ora alla Sua ultima lettera, Le dirò che mi divertì moltissimo, persuaso che Ella pure da molto tempo aveva dovuto conòscere che il Cianferoni (quantunque con delle buone qualità) intendeva farla da padrone; che la Chiarina era di ogni malizia maestra; e che questi due Sultani gavazzavano alle sue spalle e godevano una vita beata.

Che Dio abbia accolto l' anima del Suo fattore Lorenzo, e liberi dai preti il corpo della Chiarina! E ora, se è lecito, chi è il fattore? E quell' Angelo?

Il Suo discorso sul quadro del Podesti è già stampato. — V' è stato tolto qualcosa, e ciò il Maffei ed io abbiamo ardito dietro le Sue ripetute concessioni; e per non trovare ostacoli alla rigida Censura.

E la Sua salute come va? Come la tratta il
Suo nemico l'inverno? L'assicuro però che se
avesse a farla coll' inverno di Milano avrebbe
un nemico assai più potente da combattere.

Qui nulla di nuovo. Mangiare, e poi di nuovo
mangiare, ecco la vita generale dei milanesi. —
Lusso da sbalordire, e ricchezze che da ogni
lato traspariscono. — Ma poca affabilità di avvi-
cinamento, non conversazioni regolari, e ognun per
se. — Io però non posso lagnarmi. Accolto bene
ovunque, sebbene non mi ficchi, nè brighi, nè spin-
ga, nè urti, spero a poco a poco farmici il covo.

La prego di mille e mille cose amichevoli alla
sig* Carlotta e alla Sig* Geltrude, delle quali i
benefizii ricevuti sono incancellabili nel mio
animo, dei miei saluti alla buona Francesca ed
Angiola, al Ginanneschi, (1) e agli altri della
conversazione.

Non mi resta che manifestarle il vivo desiderio di poterla presto rivedere, abbracciare e ba-
ciare, e di assicurarla che non passa quasi momento che il Suo nome non mi suoni sul labbro
con persona che altamente la stima e che vuol
conoscerla.

Mi creda intanto con tutto l'animo

Milano 26 9bre 1846.   Suo Aff.mo S.o e Amico
                            E. Franceschi.

PS. Ho scritto al Cioni; ho procurato di conci-

---

(1) L'avvocato Vincenzo Ginanneschi, assistè lungamente il Niccolini, ed ebbe cura gelosa de' suoi scritti e
della sua vita.

liare l'utile dulci, ma come si fa? chi sa se **ne**
sarò uscito bene. — Le basti però che dal dram-
maccio del Cioni a quello che ha scelto il Verdi
per Firenze, ci corre quanto da una Madonna di
Raffaello a quella di uno stucchinaio di Lucca.
Verdi e Maffei Le fanno mille saluti.

Al Chiarissimo Sig. Giov. Battista Niccolini,
a S. Caterina, Piazza S. Marco

Firenze.

Mio carissimo e sempre venerato N.

Non voglio lasciar passare l'occasione del buon
Torregiano che ritorna costì, senza darvi le
mie nuove e domandarvi le vostre. Io non vi
scrivo spesso, per l'orrore che sento di avere, e
che so che voi avete, per questo spaventevole
flagello italiano, non inferiore a nessun altro, di
scrivere e riscrivere da tutte le parti, senza aver
nulla a dire nè nulla a fare. Ma infine sono
de'mesi assai che non ho risposto a una carissima
e consolantissima vostra: e spero che troviate
sopportabile che a così grandi distanze, si rompa
talvolta il proponimento del silenzio, benchè san-
tissimo.

L'avvocato Badolisani era un infelicissimo
(dico per la parte dell'ingegno), e non ha guari
è morto. Delle miserabilissime inezie gracchiate
sulla vostra incomparabil tragedia, fu bastante-
mente punito dal non leggere dei più e dal fi-
schiare dei pochi che lessero. Il brigante pulci-

nella che vi mandò il libro, credo non l'avesse
letto, come mai a' giorni suoi non gli è acca-
duto di leggere nessun libro buono o cattivo. Il
padre e i figliuoli non sono più visitati da nessun galantuomo. Ed io, come tale, non gli ho
mai più veduti insino da che ve ne scrissi.

Vi dirò come a mio vero padre in lettere che
Giordani comincia ad annoiarmi. Scrive e riscrive
lettere (come se le nostre poste fossero la cosa
più violata del mondo) menando una gran vampa
che le poche cose inedite del Leopardi (di cui
egli non ebbe notizia da altri che da me, e che,
per la irreligione, sono d'un genere pericoloso,
oso dire, anche fuor d'Italia) non sieno ancora
state stampate. Dove sarebbero già da due anni
stampate (e n'ho mostrate qui le prove al Mel-
loni (1) e ad altri personaggi autorevolissimi) se una
sua lunga declamazione mandata per la posta,
non fosse, come io gliene avevo più volte scal-
trito, servita di denunzia a questi cagnotti della
Signoria, che me ne tormentarono non poco. Onde
mi è convenuto se (scorso un certo tempo) ho
voluto fare qualcosa, di non dirgliela. E questo
mentecatto (perdonatemi) grida e schiamazza, e
forse me ne farà andare in sui giornali. Ma io,
dove ne va la quiete e la libertà, non posso mettere a parte de' miei proponimenti un bambino.
Solo m'afiligge incredibilmente che più egli gri-
derà, e più l'obietto de' suoi gridi sarà ritar-

(1) *Macedonio, il valente fisico.*

dato ; intorno al che credo non abbiate mestieri di altre spiegazioni.

Ho veduta qualche rarissima volta la Pelzet, perchè, scontrandola a naso a naso, parve ad entrambi ridicolo che si serbasse odio dove non era più amore (1). Gli anni, sia detto fra noi, cominciano a parerle; e questa forse è stata una delle cause per le quali qui non ha fatto gran furore. E sapete che pochi sanno sceverare sul teatro gli anni dall' arte. A ogni modo, io non ho messo piede nè anche una volta a quel teatro insino dal mio ritorno, e credo che buona parte di quelli che lo frequentano sieno mercatantuzzi di feccia d' asino, non capaci delle minuzie dell' arte.

Vi prego di raccomandarmi tanto tanto alla Signora Carlotta Certellini ed alla sorella, e di volermi il meglio che potete.

L' aff.mo

A. RANIERI.

Napoli 7 agosto 1841.

---

(1) Maddalena Signorini Pelzet nacque in Firenze nel 1802. Fu giudicata attrice eccellente dai più valorosi critici del suo tempo. Il Niccolini le fu amicissimo e la tenne in grandissima stima. Egli, forse, fu ispirato da lei nella creazione delle sue donne tenere, gentili e appassionate : nè fuori di lei potè mai vedere più splendidamente rese persone vive la sua *Ino*, la sua *Ecuba* e soprattutto la sua *Teresa Contarini*. Il Niccolini stesso aveva presentato la sua amica al Ranieri, e dopo non ignorò i loro amori. La Pelzet morì in Firenze nel novembre del 1854.

A Giov. Batt. Niccolini.

Napoli 20 Gennaio 1844.

Mio impareggiabile Amico e Maestro,

Sono da un pezzo senza vostri caratteri; e benchè senza risposta a un'altra mia, vi scrissi il 13 nuovamente per dare il buon capo d'anno a voi ed alle vostre affettuosissime ed egregie amiche.

Non potendo dubitare che non sia vero quel che già un mese fa mi scrisse il Le Monnier, cioè, che voi avevate avuto la degnazione di consentire a farvi depositario dei MS del Leopardi, benchè senza vostre lettere, non mi pare di lasciare fuggire l'occasione eccellente del M.se Farinola per mandarveli. Egli ha avuto la gentilezza di promettermi di non consegnarli se non nelle vostre proprie mani.

Io dunque vi mando un pacchetto con tre *cahiers*, incollati e cuciti alla meglio, contenenti « I Canti, con due nuovi - L'operette morali, con tre nuove prose - La comparazione delle sentenze di Bruto e Teofrasto - I Pensieri tutti nuovi, di numero 110 - Il martirio de' Santi padri ediz. introvabile *ad literam* ». Queste cose, coi Volgarizzamenti della *Favola di Proelico* narrata da Senofonte, il *Manuale di Epitteto* e i quattro *Discorsi morali* d'Isocrate (volgarizzamenti che or ora vi dirò perchè non vi mando) e coi *Paralipomeni della Batracomiomàchia* che mandai già a stampare a mie spese a Parigi, compongono tutto ciò ch'io posseggo o abbia mai posseduto del nostro impareggiabile defunto.

. Il titolo è come il voleva il defunto ; e tale
ancora la disposizione delle opere. Io aveva ordinato il tutto per farlo stampare in Parigi dal
Baudry. Ma quando poi il gentil francese, dopo
aver aperta una gran bocca, voleva far l' edizione a mie spese ed anche orribilmente stra-
ziarmi coi prezzi, io ne strappai i soli *Paralipomeni*, come la più importante cosa e tale stimata
dal defunto, e quella sola fatta stampare; pure
pagai circa 100 ducati anzi più coi trasporti, etc.
Ora resta a vedere se può rimanere il titolo di
Opere, non ristampandosi i Paralipomeni. Io forse
crederei di sì : ma vorrei, prima di decidermi, il
vostro avviso.

Per la vita, scriverò a voi ed al Le Monnier
l' *occorrente* ; ma in un altro spaccio, mancan-
domene in questo momento fisicamente il tempo.

Il Le Monnier dice che otterrà dal Bini quel
che non ottenne Vieusseux. Sta bene. Io, poichè
egli mi scrive *replicatamente*, che voi avete degnato di consentirlo (altrimenti non mi sarei ri-
schiato a darvi un tanto incomodo) intendo di
depositare i MS nelle vostre mani e che passando
al Bini, vi passino come cosa che parte da voi
solo ed a voi solo dee ritornare : giacchè, come
sapete, nulla ancora si è convenuto di fermo col
Le Monnier.

Conditione sine qua non io non intendo che si
faccia l' edizione se non *me presente costì* ; perchè questo è un mandato sacro dell' autore che
non posso violare ; ed ho mille e mille avver-
tenze cui por mente, le quali non potrebbero

essere adempiute da nessun altro. Questo, dunque, *conditione sine qua non.* Per tutto il rimanente, sono contentissimo di qualunque cosa ne parrà ad un par vostro; e sarei contento anche del nulla, se non mi fosse bisogno di trarne alcun che, sia per rifarmi un poco del viaggio costì, sia per compiere un monumentino qui, per il quale ho già speso qualcosa.

De' volgarizzamenti scrissi al Lemonnier che già da un pezzo ero in un certo trattato qui da stamparli. Se non potrò sciormene, concerteremo le cose in modo che la stampa di essi qui non noccia anzi giovi alla medesima di essi costì, imperocchè qui i volgarizzamenti (che sono la sola cosa FORSE non *negata* dalla nostra censura) sarebbero immediatamente ristampati da un qualche birbone che li venderebbe tre soldi la copia.

Non più per oggi, poichè il Farinola parte. Degnatemi, vi prego d'una riga, e ditemi se il Le Monnier vuol farmi quel favore dell' *Introduzione alla scienza storica.* (1) Questo vorrei sapere *quam citius.* Addio Addio in fretta.

L' aff A. RANIERI.

Al Chiarissimo Signore,
Il Sig.ʳ Giovan Battista Niccolini, Firenze.

Napoli 1 Marzo 1844.

Mio impareg. ed illustre amico,

Già saprete che la gentile Mˢˢ Farinola è in-

---

(1) Allude al suo libro che fu poi stampato col titolo di *Prolegomeni di una introduzione allo studio della scienza storica.* Firenze, Le Monnier, 1844.

ferma di rosolia. Tutto va in pienissima regola ;
e fra poco l'avremo più sana di prima. Se il
buon Capponi lo sa, fate che ne stia di buona
voglia e di buon animo; trattandosi d'una malattia più che sicurissima, anzi depuratoria, e che
qui si cura con maravigliosa perizia ed agevo-
lezza. Io vado ogni dì a prenderne le nuove dal
bravo de Castillia.

Sono sempre afflittissimo che, per la cagione
che mi dite, vi sia stato grave d'aver in depo-
sito i Ms del Leopardi. Nondimeno sono contento che siate stato degnato di menarmi buone
le mie ragioni e di vedermene innocentissimo.
Col vapore dell'11 vi manderò i volgarizzamenti
dal greco, intorno ai quali sono più tranquillo,
perchè non v'entra nessuna scrta d'opinione fi-
losofica. Del resto i vostri immortali scritti sono
la più viva manifestazione della vostra fede filo-
sofica; ed ancora che foste depositario degli scritti
d'Epicuro, di Lucrezio o del barone di Holbach,
non credo che possa trovarsi mai un tanto im-
becille, ancorchè santocchio o liberale, il quale si
attenti di accagionarvi del menomo fra gli errori di un sistema da voi con tanta maravigliosa
eloquenza anatemizzato.

, È verissimo che i gesuiti mi avevano già con-
sentito di stampare que' miei *prolegomeni:* Ma

> .... i' udi' già dire a Bologna
> Del diavol vizj assai, tra' i quali udi'
> Ch' egli è bugiardo, e padre di menzogna.

Dopo avermi dato il permesso, lo ripigliarono,
per non disgradirne il M. dell'Interno, di cui ora

sono novelli sposi. Io, a dirvela, benchè avessi avuto un vivo desiderio che voi e il Capponi l'aveste letti prima che si stampassero, nondimeno avrei avuto caro di stamparli qui, perchè non voglio regali da nessuno, e m'ero accorto che il Le Monnier consentiva, quasi gran grazia, di stamparli. Però ho voluto anche tentare d'averne il permesso dalla Polizia, la quale, dopo molti dirivieni, mi ha consigliato di vedere il Ministro, che vidi ieri l'altro. Mi promesse che l'avrebbe letti. Vedremo; e se nè anche per questa via si potrà nulla, manderò il piccolo Ms. col vapore dell'11; ed allora scriverò al Le Monnier, che, s'egli mai credesse di farmi un dono stampandoli, io non intendo accettarlo e pagherò il prezzo della stampa, purchè abbia la cortesia di fare presto. Nel qual caso mi arrischierò a supplicarvi di pregare un qualche vostro giovane di gettarvi su un occhio acciocchè non v'incorrano errori di stampa; presupposto sempre che a voi ed al Capponi non paia tale inezia da forbirvene o... *mandarla al Culiseo per lo suggello.*

Ho veduto qui più volte il Giusti, col quale s'è molto ragionato di voi e del vostro prodigioso capolavoro. Egli mi par buono e leale giovane, e non per anche viziato di santocchieria liberale. Dio ce lo salvi intatto, acciocchè se ne accresca o almeno non ne scemi il numero de' galantuomini destinati a soprannotare a questo grande oceano di sterco che si domanda secolo decimonono.

Per recarvi un vivo esempio del male che ci

fanno i liberali santocchi, vi pongo in considerazione un singolare fenomeno, ché qui almeno,
è divenuto di una grande evidenza innegabile.
La censura, che nella sua qualità di cosa as-
surda e contro natura, è sempre sciocca, vedendo
i liberali al confessionale e i gesuiti, col Gioberti alla mano, magnificarlo e consigliarne la lettura a tutti i loro accoliti, è entrata in un certo
-strano sospetto di chiunque mostra avere fede
nell'Evangelo o almeno nel Santo de' Santi. Di
che, non so altrove, ma qui al certo, è nato un
nuovo mostro; che le sciocchezze de' più miseri
sensualisti (giacchè dove sono più i Locke o i
d'Alembert, etc!) passano come cose innocue, ma
basta nominare solo il nome di Dio in un libro
per vederlo cassato! Or

> Chi udì mai d'uom vero nascer fonte?
> E parlo cose manifeste e conte!

Fatemi il piacere di mettermi ai piedi delle
vostre amabilissime signore. Dite loro tante cose
affettuose per parte di mia sorella che vi osse-
quia; abbiate per articolo di fede ch'io non amo
nè stimo nessuno al mondo quanto voi, e credetemi con tutte le forze dell'anima

Aff. Am. e Discepolo
A. RANIERI.

Al Chiarissimo Signor Giovan Battista Niccolini, Firenze.

Napoli 26 Agosto 1844.

Mio adorato Niccolini,

In nome di Dio e della vostra magnanimità
non mi tenete per troppo importuno s'io ardi-

sco un' altra volta ancora di volervi testimone di
quel che scrivo al Le Monnier intorno a certe
materie che toccano, non mai l'interesse, ma la
nettezza della mia coscienza, di tanto superiore
ad ogni qualsiasi interesse. Io non ne posso
proprio più con questi ciarloni d'Italiani, ai quali
è rimasta solo la lingua, non per magnificare i
loro maggiori e per rendere meno infingardi i
loro contemporanei, ma per mordere i loro fratelli, non meno infelici di loro, ma più cono-
scenti delle condizioni de' tempi. Chi vuole da
me MS, che Leopardi mai non lasciò, chi lo predica autore di cose ch'egli mai non sognò di
scrivere, chi dopo sette anni ch'egli è morto,
vuole pericolar per lui e versare tutto il suo sangue, chi vuole bruciare i *Paralipomeni* e dire che
non son suoi, chi mi vuole responsabile delle sue
opinioni arimaniche, e che trova sempre poco
quel che si fa per la sua memoria. Non posso
parlare, non posso fiatare, che si pubblicano sopra i giornali i miei fiati, inviperiti dall'alito del
pubblicante. È vero ch'io potrei dire; adagio,
Signori! Temperate un tantino un così gran fuoco
col ghiaccio che v'assiderò mentr'egli visse. Ma
anche queste mie parole sarebbero e stampate e
calunniate, ed i soccorritori dei morti n'avrebbero ancor essi la meglio. E però non restandomi
che il silenzio e la breve dignità che ho ser-
bata nella *biografia*, mi è caro e desiderato di
aver per testimone de' miei pensieri la coscienza
e la mente che concepì e partorì l'*Arnaldo* e
che seppe così potentemente e in modo tanto

soprumano, intendere e svelare al mondo stupefatto
i misteri della virtù e della giustizia soffocate.

Sono un poco afflitto che il Le Monnier voglia proceder meco con tanta diffidenza da non
cominciare a *comporre* i MS di Leop. che ha
tutti nelle mani, se non ha anche la *vita*. Io intorno a questa, avevo raccolto parecchie cose;
ma non avevo potuto compiere il piccolo lavoro
prima di sapere *dove le opere* si stampavano. Per
esempio, se il libro si stampava in Francia,
io avrei detto ben altro che non potrò dire in
Toscana. Se in Germania, io sarei potuto più
distendermi nelle cose filologiche, etc. etc. Ora
ho scritto la vita *come* dee essere stampata in
Firenze: ma attendo da un momento all'altro
alcune notizie di momento da Parigi, dove nelle
mani d'un profes. alemanno si trova un baulle
di zibaldoni filologici del defunto. Se Le Monnier non vuol credere che a ogni modo egli l'avrà
in tempo, e non vuol serbarsi a stampar la *vita*
all'ultimo, come certamente all'ultimo potrà sperare di avere il *ritratto* e il *monumento incisi*, io
non saprei che fare con chi guarda solo al comodo suo, e nulla alle sincere intenzioni degli
altri ed alla necessità delle cose, e me ne protesto con voi che non è mia la colpa.

Mettetemi a' piedi delle vostre Signore cui di-
rete tante cose affettuose per parte di mia sorella e vogliate un gran bene

Al vostro discep.

A. RANIERI.

Al Chiarissimo Signore,
Sig. Prof. Gio. Batt: Niccolini Firenze,

Napoli, 11 Maggio 1846.

Mio Caris. Niccolini,

Poichè voi aveste l'immensa degnazione di
profferirvi mio amico usque ad epistolas, io non
lascerò partire questo piroscafo nap. nè atten-
derò fino al 21 per rispondere alla carissima vostra del 9 aprile.

Prima di tutto dite tante cose affettuose per
Paolina (1) alla Sig. Carlotta ed alla Sig. Geltrude.
Ora ch' è tornata la bella stagione, ci si desta
più viva nell' animo la memoria dei bei giorni
passati insieme l'anno scorso: memoria renduta
più mordace dalla quasi matematica impossibi-
lità di rivedervi quest' anno. Rimettere le speranze nel 47, in tanta vivacità di sentire e tanta
brevità di vita, è cosa poco consolante Fingiamo
dunque che nell' ottobre fosse possibile di assa-
lirvi al Popolesco. Tutta la vita è una finzione:
e di finzione in finzione si giunge alla sola realtà
dell'universo che è la morte. Nondimeno, all'ombra
di queste finzioni vi si giunge meno disperata-
mente! E per verità quante e quante cose avrei
a narrarvi; e come se ne arricchirebbe uno di
quei vostri geniali conviti! Pure, verrà il tempo,
non dubitate: e questa volta, noto per non dimenticare.

Io sono immerso fino ai capelli nella gran
gara forense. Vedete a che sono riuscite le lunghe

---

(1) La sorella del Ranieri.

ed ardenti speranze d'una tanto travagliata giovinezza. Noi ci tiravamo su per governare il
mondo; ora, invece del mondo, governiamo le
cause; perchè il mondo lo governano i gesuiti.
A proposito de' quali non voglio tacervi quel
che ho taciuto ad altri; e questo mi sia scusa
se non vi parlo d'un argomento divenutovi giustamente increscevole.

Sappiate dunque che quel tal Curci (1) che ha
risposto a quel badalone del Gioberti, dice in
un certo luogo, che Leopardi, - ateo, nell' ora sua
estrema, mandò per un gesuita, fra le braccia
del quale morì convertito; poi aggiunge lo sgraffio
per me, concludendo che ciò dice non per trionfo
gesuitico, ma per consolarne esso Gioberti e per
supplire al mio *volontario* silenzio. Eccomi dunque
tratto pe' capelli a smentirlo; perchè non è giusto che il mio silenzio (sul quale egli ha con-
tato, per le condizioni in cui si vive qui) faccia
tenere lui veritiero e me bugiardo. Io dunque ho
pensato di pubblicare, come e dove potrò il
meglio, poche parole intorno agli ultimi momenti
del mio amico, colle quali narrerò che, poichè
Leop. morì repentinamente, poco v' era da in-
trattenersi sulla sua morte, che non si mancò di
mandar per un ecclesiastico al vicino convento
di S. Agostino, e venne un padre Felice da Ce-
rignola, agostignano scalzo, il quale potette appena appena prestar le ultime preci de' defunti,

---

(1) Il celebre gesuita napoletano, morto ultimamente in
Firenze.

come da una sua fede che conservo e che stamperò (1). Intanto noi nel 46, assistiamo a questo bel dramma, d'un prete che da Brusselle evoca le anime e frastorna le ceneri di chi si addormentò così opportunamente sulle rovine, non dirò della libertà, ma del senso comune, disputa se credettero o non credettero in Dio o nel papa, se furono felici o infelici per questa loro miscredenza; e d'un impudente gesuita che gli risponde a tu per tu di Napoli, affastellando un Caucaso di bugie, senza che gli si possa nè anche rispondere! Or si può dire veramente all'Italia:

> E pur quasi a spettacolo sedesti,
> Lenta aspettando de' grand'atti il fine.
> Or, se tu se' vil serva, è il tuo servaggio;
> Non ti lagnar, giustizia, e non oltraggio.

Il fine del grand'atto sarà un altro centinaio di repliche che si faranno il prete e la Compagnia. In effetti, ad ogni tantafera che si schiccherano, i liberali vi dicono: *questo è un gran fatto!*

Ora state sano: e parliamo d'altro. Che fa il *Filippo Strozzi?* Beato voi, cui la natura e la fortuna furono larghe dell'ingegno capace a fulminare i codardi e gl'ipocriti, e dell'agio capace a fabbricare ed a lanciare que' fulmini. Io considero le vostre cose come tanti ponti gittati sull'empia laguna che separa il secolo XVIII dal XX, ponti destinati a far dimenticare un

----

(1) Cfr. RANIERI *Sette anni di sodalizio con Giacomo Leopardi.* Napoli, Giannini.

giorno a' nostri nepoti che fra i secoli onde varcò il genere umano vi fu questo nefando e vergognoso XIX.

Come rendervi grazie a voi ed alle ottime vostre signore d'aver indotto il Giacomelli a noiarsi col Brandini?

Ora io me ne son rimesso tutto in lui; e si recupererà quel che si potrà: e la cosa è ben da poco.

Vogliateci tutti un gran bene: e quando potete, scrivetemi una riga

Aff. Am. e Serv.
A. RANIERI.

Al celebre sig Giov. Battista Niccolini, Firenze.

Caro Niccolini

Fra tutte le compagnie colle quali sono stata finora è questa quella che mi dà più dispiaceri delle altre. Ho trovato i due caporioni Colomberti e Coltellini che hanno un' avversione decisa per la Tragedia: ed io sono scritturata 1ª Attrice tragica assoluta Il primo perchè si trova inabile a recitarla, il secondo perchè i caratteristi sono stati sempre avversi a questo genere. Poi è venuta la Job la quale dopo aver rovinato Verniano colla sua pros. . . . ., cerca d' insinuarsi verso Coltellini per farmi onta e spauracchio. Sono più che mai circondata da nemici invidiosi che cercano la mia rovina. Io non so quel che abbia fatto nel mondo ; non trovo che ostacoli, e avversità. Capisco che queste vessazioni vengono dalla mia condotta e dalla dignità di mio marito, il quale non può dimesticarsi e affratellarsi con questa ciurma di vagabondi e ignoranti. Qui in Bologna ho ricevuto le istesse accoglienze come nei primi giorni della mia gioventù. Se hanno voluto empire il teatro si è dovuto fare una tragedia. Anche la Job prima donna comica, vil. . . . creatura, ha scelto una tragedia per sua beneficiata Ma non si vogliono fare quelle che mi sono simpatiche; e quando si fanno, questi miei detrattori cercano ogni mezzo per farmi scomparire. Vedete come devo combattere in questa guerra! Senz'armi e con soldati infedeli!

A Livorno e Lucca ho pregato Colomberti e Coltellini perchè mi facessero il *Foscarini*, che mi avrebbe fruttato assai, ma invano : sanno bene che la *Teresa* è una parte che mi stà bene e che ne traggo molto effetto; per cui non vogliono darmi questa soddisfazione. Avevo ottenuto da questa censura di Bologna di farlo per mia beneficiata, ed avrei fatto un immenso interesse; ma sono inesorabili e crudelmente accaniti contro la mia poca abilità. Il prossimo carnevale torniamo in questa città, e voi dovreste parlare a Domeniconi (1) pregandolo, a nome

(1) Luigi Domeniconi eccellente attore ed abile capocomico. Nacque in Rimini qualche anno prima del 1790. Interpretava efficacemente il *Procida* e il *Foscarini* di G. B. Niccolini.

mio, che faccia mettere in iscena questa tragedia per la prima attrice tragica. Non entrate in
altri gineprai con costui, il quale è troppo amico
di questa genia; che egli si è affezionata a forza
d' ipocrisia e di farsi mangiare il suo. Io ho fatto
il contrario, e mio marito non ha potuto secondare i vizi dei comici e le loro abitudini, ed
ecco il motivo per cui non abbiamo amici in
quest' arte. Aggiungete i miei successi e l' invidia che hanno prodotto e giudicate poi come
posso vivere allegra con si cara compagnia. Non
vedo l' ora di finirla, e voglio venire a mangiare pane e fagioli, ma lontana dalla scena e
dai suoi indegni cultori. Vi giuro avanti a Iddio, che non ha rimproveri la mia coscenza; e
se ho potuto far del bene anche ai miei nemici
l' ho fatto. Sono stata docile e conveniente, non
sono stata attaccata al contratto ed ho fatto le
più gran concessioni. Non ha servito nulla e mi
sono convinta che l' invidia non si placa.

Vi avrei scritto prima ma sono stata molto
affaticata, e con oggi son venticinque giorni che
non ho riposo. Se la vostra tragedia è stampata
vi preghiamo tanto di consegnarne una copia a
mio figlio. Datemi presto le vostre nuove, che
fra tante amarezze le vostre lettere mi sono di
gran consolazione. Salutate le Signore Certellini
e non vi dimenticate dell' errante pellegrina

Vostra Aff.^{ma} Amica

PELZET.

Bologna 27 Luglio 1843.

Al celebre Gio. Batista Niccolini, Firenze.

Caro il mio Niccolini

Roma, 20 Luglio 1844.

Siamo giunti a Roma che abbiamo trovato una fornace. È pallida l'erba, il sole è un tiranno. Domeniconi ci ha ficcato in questo anfiteatro diurno che è un vero casotto da burattini, ove siamo esposti a tutti gli elementi! La sera che dovrebbe essere il nostro refrigerio, non si può uscire a cagione dell'aria malsana - La mattina si brucia e ci conviene stare in casa. Eccoci dunque imprigionati per due mesi e mezzo! Bisogna anche star bene attenti ai cibi, per la febbre che fa strage. Per una male intesa economia questi manigoldi de' miei impresari hanno voluto spedire il vestiario per mare. È stato un mese sull'acqua ed è giunto a Roma tutto fradicio e ammuffito! Io, la Fumagalli (1) e Venturali siamo stati i più danneggiati. Ho tutta la casa imbarazzata dal mio equipaggio che ho dovuto tendere e prosciugare Prima abbiamo dovuto far alla meglio quindici rappresentazioni senza vestiti, ora abbiamo l'impazzamento di ridurlo meglio che si potrà. Fortuna che presto avrà temine questa galera comica !

Caro Niccolini : mi raccomando a Voi! Se ci riesce di situare mio figlio, posso chiamarmi felice. I miei desideri sono così limitati che mi

(1) Amalia Fumagalli, nata a Milano nel 1824, faceva anch'essa da prima donna nella Compagnia Domeniconi.

basta viver dì pane, ma se devo dividerlo col
figlio, allora mi manca la sussistenza – Voi che
mi avete dato tante prove della vostra bontà, del
cuor vostro tanto inclinato a far del bene al prossimo, fatelo anche per una madre, per un'amica,
per quell'attrice che con tanto amore ha recitato
le vostre Tragedie. Io non ho parole per ester-
narvi la mia gratitudine, e ciò che sento per Voi
che mi avete beneficata e protetta coll' opera
vostra, e mi avete conservato sempre la vostra
preziosa amicizia! Io farò di tutto per non de-
meritarla. Raccomandatemi anche al vostro fratello, riveritelo e ringraziatelo per quello che ha
fatto a mio favore, e per quello che potrà farmi.
Io non potei venire neppure a congedarmi da
entrambi, ma quando verrò a Firenze adempirò
a tutti gli obblighi, a tutti i doveri. Per ora non
posso far altro che sentire la gratitudine e manife-
starla colle parole. Ecco i frutti di ventisette
anni di fatiche, di studi, di tribolazioni! Ecco
la ricompensa che hanno le attrici italiane! Un
poco di pane! E sono tra le fortunate perchè,
come l' Andalfati e la Perotti, non morrò allo
Spedale.

La Rachel (1) è andata a Marsilia per dodici rappresentazioni ed ha avuto due mila franchi per sera.
Farà tre cose, la Fedra, gli Orazzi e la Stuarda
che replicherà più volte! Qua bisogna far di
tutto, da Marta e da Maddalena, e questo nostro pubblico impastato di fango non è con-

---

(1) La rinomatissima tragica francese, morta nel gennajo
del 1858.

tento se non ci vede vomitare i polmoni. Mio figlio vi dirà che quell'animale anfibio del Vannini non ha voluto riceverlo. Ditegli come deve contenersi. Costui mi fa paura perchè temo che possa arrestare il corso alle mie speranze. — Mio marito stà meglio: e vi saluta e vi dice un'infinità di cose e vi fa le solite proteste di servitù. Egli spera che a Firenze lo occuperete in qualche cosa, e lo prenderete al vostro servizio. Oramai la mia famiglia è cosa vostra. E venga o non venga l'impiego, il bene ce lo avete fatto e ci avete dimostrato il vostro buon cuore a chiarissime prove. Quante premure, quanti passi, quante scale avete salito per noi! Non dubitate che Iddio vi ricompenserà! Sento che la mia famiglia merita qualche cosa; e la vostra amicizia è un gran compenso alle nostre persecuzioni!

Amatemi come io vi amo, e siate felice che lo meritate.

La Vostra Aff.^{ma} Amica
PELZET.

A G. B. Niccolini.

Torino, 28 Marzo 1856.

Veneratissimo Sig.^r Professore.

Non so come ringraziarla del bel dono che mi ha fatto, per mezzo del nostro Vannucci, della Sua *Morte di Corradino* (1), che ho pubblicato nella dispensa di marzo della *Rivista Enciclopedica* da me diretta. Io non mi son preso mai

---

(1) *La morte di Corradino*, Poesia, nella *Rivista Enciclopedica italiana* di Torino, 1856, Anno II.

la libertà di scriverle, perchè non volevo rendermi importuno, e rispettavo con affetto quasi
filiale e con reverenza di devoto discepolo il Suo
silenzio. E si che mi sarebbe stato d'immensa
consolazione e conforto un Suo rigo, nelle tem-
peste che ho sopportato dal 47 in poi, ma nelle
quali ho tenuta sempre salda la mia fede : non
debbo quindi arrossire di vaneggiamenti passati:
sono oggi quale era nel 1846, non ritornando
come molti alle credenze antiche, ma senza essermi giammai da quelle dipartito. Or la mia
coscienza sa che di questa mia costanza di principii, io debbo in gran parte renderne grazie al
Suo esempio : i Suoi ammaestramenti mi stavano
troppo impressi nell' animo perchè io li potessi
facilmente obliare. Non udivo più la Sua voce,
ma l' eco di essa durava sempre nel mio cuore
e nella mia mente.

Mi perdoni, di grazia, questo parlare di me;
ma io scrivendo dopo tanti anni a Lei, sento
quel bisogno di un figlio stato lungamente a
viaggiare in paesi lontani e sconosciuti, che ri-
vedendo il padre gli vorrebbe dire tutto ciò che
ha veduto, operato, sofferto e non sa metter freno
alla sua loquacità.

Or mi permetta di parlar di Lei, e mi permetta di farlo con quella franchezza alla quale
mi dà diritto il riverente affetto che Le professo.
Perchè questo Suo lunghissimo silenzio ? Perchè
tacersi mentre l'Italia ha bisogno di udire una
voce autorevole ed amata come la Sua ? Volga
uno sguardo intorno e senza farsi illudere da una

modestia tanto eccessiva da divenire quasi col-
pevole, mi dica qual' è l'uomo che può pigliare
il luogo Suo? S'Ella lo abbandona chi vuole che
Le succeda? Chi ha la mente, il cuore, il carattere,
la vita, la riputazione Sua? Chi possiede qualcuna di queste doti, manca delle altre, e molti
sono quelli che difettano di tutte. Sa Ella che
la comparsa di questa Sua poesietta sulla *Ri-*
vista Enciclopedica è stato un fatto notevolissimo
per Torino come lo sarà per tutta Italia? Sa
Ella quanta brava gente in questi due giorni
mi ha chiesto con sollecitudine affettuosa Sue
nuove, e se tarderà a pubblicare la Sua storia
della Casa Sveva, che l'Italia attende da lungo
tempo? I buoni se ne rallegrano come d'una
resurrezione; i tristi se ne sgomentano come del
ritorno di una fantasima che credevano sparita
per sempre. Io non posso immaginare ch'Ella
ignori questo immenso desiderio e bisogno che
ha l'Italia di udire nuovamente la Sua voce; e
non posso credere che sapendolo non faccia di
tutto per soddisfarlo. Noi siamo soldati e com-
battiamo; ma, per carità, non lasci l'esercito
senza capitano; e non permetta che i nuovi Ce-
sari possano dire come l'antico: « Andiamo a
combattere un esercito senza capitano, per poi
combattere un capitano senza esercito ».

Le mando, sotto fascia, le prime tre dispense
della *Rivista,* e se mi permette Le continuerò a
mandare le successive mano mano che si pubblicheranno. Pubblico questo giornale a conto
mio e con perdita che assorbisce quel po' di

guadagno che mi lasciano gli altri miei lavori. Lo fo, perchè credo mio dovere difender sempre e in tutti i modi che posso i principii che professo. La comparsa di qualche Suo scritto, qualunque siasi, è una specie di consacrazione alla quale tengo moltissimo. Posso sperare che Ella mi farà qualche altro dono? Io ci conto e La ringrazio, pregandola a perdonarmi la lunga lettera ed a credermi sempre qual mi vanto di essere

Suo Dev.mo Discepolo
GIUSEPPE LA FARINA.

Al Nobil Uomo il Sig.re Gio. Batta Niccolini, Tracolle (1).

Firenze, lì 17 Ottobre 1840.

Mio Caro Amico,

Sento con piacere che le Rossi saranno stasera costà: io mi prevalgo del mezzo dell' Odett (2) per inviarti un cedro di Marsilia che mi ha regalato la Balducci, ed unisco a questo dei confetti di Genova; troverai nel pianere un opuscolo sotto fascia che ha preso il prete (3) alla posta e vi troverai pure il *Procida*. Pio fu ierisera alla Pergola, e mi dice che l'opera incontra il gradimento del pubblico, non tanto per la musica quanto per

(1) Vasta e ricca fattoria, nel Valdarno, che apparteneva al maggiore Achille, fratello del Niccolini

(2) Andrea Odett, addetto nell'azienda del Lotto di Firenze, molto amico del Niccolini.

(3) Il sacerdote Niccola Quilici assiduo di casa Certellini, ed ammiratore devoto del Poeta.

il contenuto del libretto (1). Ho mandato subito la lettera al Cianferoni. Le nuove politiche sono all'incirca le stesse, e prevedo che sino all'apertura delle Camere, che sarà il 28 del presente mese, non si può argomentare se vi sarà pace o guerra. Il Pieri (2), al solito, viene tutte le sere e non parla che di Corfù, e dell'eroismo di Mustossidi che ha pubblicato un libro ove svela gli abusi dell'alto commissionario, e l'oppressione in cui si trovano i poveri Greci. Noi si sta bene e siamo in Firenze, come già ti ho scritto, fino da Giovedì sera; e dove ti diceva che la tramontana soffia ora anche all'Agna; non capisco come tu non abbia ricevuta questa lettera. Qui ti salutano tutti ed in particolare Tude (3): fai altrettanto per noi col Sig: Achille (4), e sua compagnia, rammentami alle Sig.re Rossi, divertiti e pensa a dare un poco di posa allo studio. Credimi con tutto l'affetto

La tua aff.ma amica
CARLOTTA CERTELLINI.

---

(1) Il *Procida* fu messo anche in musica; e la sera del 16 si era appunto rappresentato alla Pergola, colla Ungher, il Ronconi, e il Musich, un *Giovanni da Procida*, dramma tragico, musica del principe Giuseppe Poniatowski.

(2) Mario Pieri, amicissimo del Niccolini, e da lui condotto ai lieti ritrovi in casa delle sue amiche.

(3) La sorella di lei.

(4) Fratello del Niccolini.

STUDIO F. D. GUERRAZZI
—

Palazzo Bartolomei
N. 256, 2.º piano.

All' Illustre Sig. G. B. Niccolini, Firenze.

Caris. Amico.

Ecco una lettera ove ti qualificano Cavaliere;
se non la ponessi dentro la mia ti avrei coperte
queste vergogne diverse da Cam. Quello che con-
tenga ignoro, ma immagino conforti a stampare
su la Casa Sveva. Nei giorni scorsi grandi ru-
mori di guerra, e gli stolti si scaldano a coteste
fascine, ella è contesa di dogane e i gabbellotti
la comporranno; nonostante vedo che le menti
anche dei più pacati si accendono maravigliosa-
mente, sicchè mi sono cagione a bene sperare
almeno pei posteri. Però è bene che la tua potente parola si faccia sentire: non se ne offenda
la tua modestia, ma nella confusione dei venti
imperversanti tu puoi come il Nettuno Virgiliano
dire: quos ego.... Addio, e ti sieno concessi giorni
pacati, e lieti per contento di te e per soddisfazione dei tuoi amici.

Aff. A.º GUERRAZZI.

Livorno 27 Mag. 1846.

STUDIO F. D. GUERRAZZI
—

Palazzo Bartolomei
N. 256, 2.º piano.

Ill. Sig. e Prof. G. B. Niccolini, Firenze.

A. C.

I tempi mi conducono a cosa dalla quale re-
pugnavo, cioè a imprendere un giornale (1). Vedo
la opinione oscillare incerta, e temo forvii; vedo

---

(1) « Poco prima era stata chiesta, e consentita altrui
la facoltà di stampare un giornale col titolo di *Secolo*;

ancora petulanza, vanità, o avventatezza, amore
di patria poco, temo punto.

Qualora questo Giornale venisse conceduto io
ti prego a volerti degnare che io ponga il tuo
reverito nome fra i Collaboratori : farai quando
e come potrai ; il tuo nome è una bandiera (1), e
noi soldati non giovani della libertà vogliamo
spingerci intorno alla insegna del vecchio Capitano.

In attenzione di riscontro mi confermo con la
solita stima

Tuo aff. Am. GUERRAZZI.

Livorno 4 9mbre 1847.

A Giuseppe Canestrini (2), Firenze.

Mio riverito amico e collega

L'altra sera il sig. Petruccelli mi diede nuova
della Sua partenza da Livorno: assai me ne dolse
perchè se avessi saputo dove abitava sarei venuto a trovarla. Poichè non mi fu dato di avere
il piacere di conferire nuovamente con Lei, io fi-

---

ed io mi ero fatto a ricercarla solo perchè cotesto progetto era riuscito a vuoto ; nondimeno nel 1º decem-
bre 1847 mi venne rescritto col *visto* ». *Appendice all'Apo-
logia della vita politica di F. D. Guerrazzi*, scritta da
lui medesimo. Firenze, Le Monnier, 1852, pag. 1.

(1) Il Guerrazzi salutava già il Niccolini « la migliore
coscienza di questa nostra patria italiana·». Cfr. *Scritti di
F. D. Guerrazzi*, Le Monnier, 1847; pag. 7.

(2) Giuseppe Canestrini, morto in Firenze il 28 di nov.
del 1870, ebbe ingegno acuto e paziente nella ricerca e
nella illustrazione dei documenti storici. Era nato a Trento
nel 1807. Nella prima legislatura del nuovo regno d'Italia,
fu Deputato al Parlamento Nazionale.

ducioso della sua benevolenza di cui mi diede
prove. Le rinnovo la preghiera di farmi copiare
le lettere di cui mi favoriva l' elenco, e ch'io Le
rimando : avrei voluto darle la carta rigata ma
il copista la troverà da sè. Vedrà che ne ho bisogno perchè il Sig. Guigoni mi sta addosso e
con lui non c' è da scherzare.

Se oltre queste lettere possibile fosse avere
qualche notizia novella intorno al *Ferruccio* (1) sarebbe per me una grande benedizione. — Intanto
che arriva il 2° volume dei Documenti o non
ci sarebbe modo di consultare quello che possiede?

Anche di un' altra cosa io vo' tribolarlo. Il
Varchi ed il Busini narrando la morte del povero Macchiavello dicono che innanzi di morire
egli narrò loro, cioè a Filippo Strozzi, a Francesco del Nero, ed a Iacopo Nardi quel *tanto
celebrato sogno* (2). Ora che sogno è questo: non
ho trovato in veruna parte; una memoria ma certo
fallace m'illude facendomi credere posso, chi sa
quanti anni fa, averlo letto nel Bayle; ma ella
tanto studioso del Macchiavello saprà chiarirmi
di certo. Voglia per carità ricordarsi che prima
di lasciare la Toscana io vorrei fare Giovanni
delle Bande nere, Cosimo suo figliolo, Mac-

---

(1) *Vita di Francesco Ferruccio*, scritta da F. D. Guerrazzi. Milano, Guigoni, 1865 — È il vol. II delle « Vite
d' uomini illustri d' Italia, etc. »

(2) Cfr. *Lettere di G. B. Busini a B. Varchi*. Firenze,
Le Monnier, 1861 ; e *Giornale di Erudizione*, Vol. III e IV.

chiavelli, Guicciardino, e specialmente il Burlamacchi (1).

. Perdoni questa franchezza a un fratello in Cristo,
e in calamaio, e mi abbia

Per aff.mo Suo Amico e Collega
F. D. GUERRAZZI.

Livorno 1 Luglio 1863.

A Giuseppe Canestrini, Firenze.

Caris. Sig.e ed Amico

Dal silenzio Vs. argomentava lo smarrimento
della lettera, non altro, chè per prova so la cortesia Vostra, e la benevolenza verso me. — La-
sciamo il Sig. Uccelli, il quale se ha da guadagnare altrove presto e molto, bene fa a non
lavorare per meno: per me è troppo caro. Spero
che la presente vi verrà consegnata da persona
che vi condurrà un giovane al quale farete copiare tutto quanto reputerete necessario ed utile.

Il *Ferruccio* è rimasto incagliato appunto per
mancanza di documenti; donde potrebbe scappare
fuori qualche notizia peregrina e nuova.

Del disegno suo d'andare a Roma se ne trova
traccia in qualche libro, ma non confortato da
altre testimonianze non è cosa di cui possa farsi
caso.

---

(1) *Vita di Francesco Burlamacchi*, scritta da F. D.
Guerrazzi. Milano, Guigoni, 1867. È il vol. IV delle « *Vite
d'uomini illustri*, etc. »

Avete visto la prefazione del Petruccelli? Certo
ha vivacità, ma quel fare scomposto, avventato,
a pistolotto, pieno di urti e che so io non è italiano. Fra noi il pensiero scorre grosso, e pro-
fondo, ma senza cavalloni, e nelle sue induzioni
rigorosamente logico. E poi, che razza di lingua!
Ma quando si dice scrivere in italiano parrebbe,
che le parole almeno avessero a sonare italiano.
Io ne strabilio.

Addio, e grazie sempre per gli aiuti di cui fa-
vorite il

V. Aff.mo A.o GUERRAZZI.

L.º 17 Novembre 1863.

Ecce.mo Sig.re,
Sig. re Dottor Frediano Fredianelli, Pescia.

Mio caro Frediano

Chi diavolo ha messo in testa al Gialdini di
volermi intermediario fra lui e il governo per
ottenere grazie e favori? Non è a me, fulminato
dalla scomunica di tutti i birri, che egli deve ricorrere, ma bensì a coloro che ne godono la pro-
tezione, come per esempio al Cav: Vincenzo
Sannini, il Ciambellano dell'Ospedale, il Cro-
ciato Sanfedista di Duomo, ec. ec. Mi sono veramente afflitto che s'abbia questa opinione di
me, e credeva, d'essermi piuttosto meritata la
galera, che opinione d'uomo influente presso i
nostri scortichini illustrissimi. Digli dunque che
io non posso far nulla per lui; anzi che la mia
raccomandazione gli sarebbe dannosa, come se

firmassi un attestato d'onestà ad una donna.
Dall'altro canto sono mille che chiedono e fra
questi mille chi ha bella la mamma, chi le sorelle, chi è bello di per se (cosa che qua giova
assai e potrebbe forse giovare anco a lui molto
più essendo abate) insomma hanno tali mezzi
da rendere insufficente ogni altra raccomandazione e specialmente quelle di noi quacqueri in
caffè. Mi duole di non poter contentare anco te,
ma non prenderai ciò per una repulsa, sapendo
che io sono qua pronto in tuo servigio purchè
tu mi voglia impiegare.

Sapeva che Bastianelli aveva infranto i divieti
facendoti leggere quella filastrocca. Grazie della
lode, ma se la leggi una terza volta temo che
oltre a mille altri inconvenienti tu ci scorga
quello di voler dare la stura a tutto quel poco
che si sa, difetto solito di noi giovani, e che io
grazie a Dio non so dissimulare a me medesimo
quantunque non mi riesca esentarmene. Farò
meglio se così è scritto nei fati, per ora vado
tentoni, colpa d'aver buttato molto tempo ai
p..... ed alle t.... *Delicta juventutis meae et igno-
rantias meas*, ec. ec.

Hai ragione sarebbe stato tempo di tornare,
ma ho sempre temuto di venire a perdere quella
poca salute e quel poco di buon nome che m'è
rimasto. Tanto in ogni modo la colpa è di noi
giovani. Pure mi rassegnerò aspettando d'aver
ragione quando avrò la parrucca e il brachiere.
Se mai ritorno, ti prendo in parola per le pas-
seggiate, coll'obbligo di mangiare una delle

solite minestre di rape : ho preparato un gran pajo di scarponi da lasciarsi briciolo per briciolo su per i monti circonvicini, tu farai altrettanto e la nostra salute ne goderà.

Addio intanto. Al mio ritorno ti riporterò i tuoi Menzini che ho ritenuti anco troppo, ma non inutilmente. Continuami la tua amicizia e stai allegro.

Firenze 7 7bre 1837.

L' amico

GIUSEPPE [GIUSTI].

Al Sig.re Giovanni Franceschi, Firenze.

Mio Caro Gianni,

Enrico (1) m' ha fatto leggere la lettera di Bartolini (2) e la tua. Sento che devi essere poco sodisfatto, e mi duole estremamente di vedere curato così poco il tuo zelo e le tue fatiche durate per il bene dell' umanità. Forse non sapevi per prova che la via del galantuomo è seminata di spine più acute assai di quelle che toccano ai birbanti e agli spensierati ; e l' esserti trovato deluso a un tratto nelle tue speranze, ti cresce l' amarezza di questa terribile verità. Ma tieni a mente che i bricconi i quali pare che se ne vadano lieti e sicuri per un sentiero piano e agevole, hanno poi l' inferno nel cuore, mentre l' uomo onesto può andare a fronte

---

(1) Mayer.
(2) Lorenzo.

alta e sicura, senza sgomentarsi nè arrestarsi d'un passo, per un verme o per un rettile che gli si attraversi alle gambe. Che t'importa del voto degl'iniqui, o di coloro che si voltano a seconda del vento? I buoni, che sono sempre pochi, rimarranno fermi dalla parte tua e t'appresteranno un compenso larghissimo coi loro consigli, colla loro amorevole sollecitudine.

Ti scrivo queste cose perchè t'ho veduto afflitto e perchè ti sono amico da tanti anni; e mi rincrescerebbe se questi colpi che hai sofferti così immeritatamente, dovessero danneggiare la tua salute. Pensa che quando la volontà non si lascia soverchiare, v'è sempre modo di giovare al nostro simile; e le persecuzioni, le calunnie, l'abbandono di quelli nei quali avevi posta la tua fiducia, non ti toglieranno di poter continuare in qualche modo negli uffici caritatevoli che oramai ti sono doventati abituali.

Bartolini credo che sia un galantuomo, ma il suo posto deve tenerlo necessariamente in guardia. Ajutatene come puoi e prima di condannarlo, compatiscilo. Soprattutto, dai tempo al tempo, e può essere che il giorno del tuo trionfo venga molto più presto che non te l'aspetti.

Le vittorie dei codardi e degl'imbecilli, sono più d'apparenza che di sostanza, e non possono avere una lunga durata.

Dall'altro canto, il pubblico ha gli occhi aperti, e se può ingannarsi o essere abbarbagliato un momento, finisce per vederci chiaro.

Soffri, tienti fermo, e non disperare mai nè degli amici veri, nè di te stesso.

Un abbraccio di cuore. Addio.

Tuo Aff.mo
GIUSEPPE GIUSTI.

Livorno, 26 Agosto 1844.

Al Sig.re,
Sig.re Giov: Pietro Vieusseux, Firenze.

Mio caro Vieusseux,

Il mio Signor *Me*, ente di molta importanza tra le pareti del mio Signor Cranio e del mio Signor Costato, rimase contento, soddisfatto, intenerito degli articoli di Ferrari (1), ma Giuseppe Giusti amico geloso del suo paese e dei suoi paesani, non è stato dello stesso parere. Può essere che io m'inganni, ma quegli articoli gioveranno più alla polizia che alla storia, e questi esuli benedettissimi, bisognerebbe che cominciassero a farsi un dovere della discretezza. Non lo dico per me, perchè io in sostanza sto lì coperto d'un panno, e poi ho gettato il guanto apertamente e a conto mio, ma sto in pensiero per molti poveri diavoli che hanno avute le mani in pasta e che son costretti a vivere di cautela e di silenzio sotto l'ombra della mannaja.

La lettera di Viale (2) è da vero galantuomo,

(1) Giuseppe, esule a Parigi. Si allude a'suoi scritti nella *Revue des deux-mondes*.

(2) Salvatore, valente letterato côrso, autore di un volume di poesie edito dal Le Monnier, e di un libro intitolato : *Dionomachia*.

nè mi fa meraviglia, conoscendolo da un pezzo.
Avete ragione sul conto della *Rivista* (1), ed io dopo
quella buffonata sul *Chiarissimo* (2), aveva determinato di far punto per molte ragioni. Figu-
ratevi se mi sarebbe caro lo scrivere per la
Guida (3), ma Pietro mio come volete che mi
arrischi a toccare il tasto tanto difficile dell'educazione, io che non me ne sono mai fatto uno
studio? Mi tirerebbe molto la compagnia di Vannucci, di Thouar, ec; ma giusto appunto perchè
si tratta d'entrare in corso con gente di questa portata, non sarebbe cosa da amico l'imbar-
carsi senza il biscotto. Vi prometto non ostante
di pensarci su, e nel caso che m'ajutino la salute e la testa, non metterò tempo in mezzo e
con vero piacere sarò uno dei collaboratori.

Godo delle buone nuove di Poerio (4) e vi
prego di scrivergli un rigo anco per me. Dite a
a Gino (5) che non perda tempo a scrivermi: so
che mi vuol bene, so che io ne voglio a lui e
basta. M'immaginavo che anch'egli dovesse soffrire per le stravaganze orribili di questo inver-
naccio, uno dei più birboni che io abbia veduti
da trentacinque anni in qua. Se sapeste quanto

---

(1) Il periodico che Enrico Montazio dirigeva in Firenze
nel 1844; e dove fu stampato la prima volta lo scritto sul
Chiarissimo.

(2) Cfr. *Epistolario di Giuseppe Giusti.* Vol. II, pag. 7.
Firenze, Le Monnier, 1863.

(3) La *Guida dell'educatore,* diretta dal Lambruschini.

(4) Alessandro.

(5) Capponi.

significa per me quel silenzio nel quale Gino si chiude di tempo in tempo! Io travedo il dolore misterioso di quell' anima e so pur troppo da quante spade è trafitto il suo cuore, bollente, generoso, affettuosissimo. Gino non è invecchiato e non invecchierà mai dentro di se, e questa gioventù dello spirito è piena di tormento, crediatelo.

Mandatemi le Opere del Leopardi, sebbene quel disperare di tutto mi faccia freddo e sgomento. Quella razza di letteratura ha un che di forte e di tremendo, ma è da solitari, da gente spietata con se stessa e coi suoi compagni di vita.

Fino a tanto che non rischiara il tempo non vi parlerò dei miei incomodi. V' abbraccio di tutto cuore.

Vostro Aff.mo
Gius. Giusti.

Pescia 11 Marzo 1845.

All'Egregio Sig. D.r Carlo Allegri, Ajuto della Soprintendenza di S. M. Nuova Bologna per Firenze.

Forlì 25 Agosto 1858.

Sig.r Dott.re C.mo

Rispondo subito alla Sua domanda, e Le dico, che dubito abbia Ella preso un equivoco. Io ho detta medicina adulatoria quella, che si usa dagli esercenti, non a norma dei veri bisogni degl'infermi, ma piuttosto in conformità del desiderio e del piacere di questi: non ho detta medecina adulatoria quella, che si fa, seguendo senza sufficiente esame le proposte di nuovi rimedj, quasi allora si volesse adulare al proponente. Potrebbe

essere anche questa seconda una maniera d'adu-
lazione; ma non la credo possibile che quando
la proposta venga da persone di relazione di chi
la segue. Pel resto il voltarsi ai rimedj nuovi è
sempre l'effetto di molteplici cagioni, ben diverse d'intendimento, di prebificarsi il proponente.

L'ambizione, o piuttosto la vanità di parere
sapienti; la fiducia o la speranza di trovare nel
nuovo rimedio quel soccorso, che non si ottenne
dagli altri conosciuti; la voglia di singolarizzarsi;
la forza dell'imitazione, tutte queste ed altret-
tali cagioni credo siano le veramenti influenti a
far correre i medici ai rimedj nuovi non ancora
abbastanza provati.

Aggiunga, se vuole, la frequente ignoranza
degli argomenti necessarj a ben comprovare la
virtù di un rimedio qualunque.

Tuttociò si riferirebbe a scienza: la medicina,
che io dico adulatoria, si riferisce alla sola pratica della medicina. Ne troverà fatto cenno nel
mio discorso sui ritardati progressi della medicina
inserito nelle mie *Opere Mediche* V. I. P. II.
pag. 98. — Edizione della Galileiana (1). Spero
che in questo modo Ella potrà giudicare ciò che
meglio Le convenga.

Tengola in parola di venire, e frattanto me
Le dichiaro   Suo aff. dev.

M. Bufalini (2).

---

(1) 1844.

(2) Lo strenuo propugnatore del metodo Galileiano usato
nella medicina. Morì in Firenze nel 31 del Marzo 1875.
Era nato in Cesena nel giugno del 1787.

All'Egregio Sig. Dr. Carlo Allegri, Aiuto alla Sopraintendenza
in *S ta Maria Nuova*, Rocca S. Casciano per Firenze.

Forlì 22 7mbre 1858.

Sig. D.re C.mo

Ho ricevuto il dono della Sua Memoria, che leggerò molto volentieri: e son persuaso avrà detto delle serissime cose. Pure non Le dissimulo di essermi persuaso aver Ella preso un molto arduo assunto, quello di condannare in genere la frequenza delle proposte e dell' uso di rimedj nuovi. Avrei amato piuttosto che si fosse preso l' assunto di condannare la leggierezza, con cui si procede ai nuovi cimenti. Del resto senza nuovi cimenti le scienze non si accrescono, e più cimenti si fanno, e tanto è più facile di raggiungere il vero. Nè certamente oggi si potrebbe medicare, come medicavano i Sydenham, i Baglivi, i Lancisi, i Riverii, i Boerhaave, gli Huxanei, i Torti, i Nerben, i Priugli, gli Sbolt, i Dettoen, etc. etc. Le distinzioni da caso a caso di malattia si sono molto accresciute alla mercè di nuove indagini e di nuovi metodi a compierle; e la diagnostica perfezionatasi grandemente concorda di necessità indicazioni curative più accurate, e virtù di rimedj meglio appropriati ai casi diversi. Io vorrei, che uno si provasse a fare il medico colla guida pure del Borsieri, che è uno degli ultimi e dei migliori institutori clinici, e vedrebbe bene quante varie volte i suoi ammaestramenti gli tornerebbero insufficienti. Con riflessioni tali come si potrebbe dunque assumere di ragionevolmente condannare i nuovi cimenti?

Ma forse non è questo propriamente il suo assunto, e così credo avrà scritto ottimamente. A parer mio ne aveva anzi larghissima la via. Innanzi di provare e riprovare bisogna sapere a quale *oggetto* si debba provare e riprovare; e per saper bene quest'oggetto riguardo alla medicina bisogna, che la generale patologia lo abbia bene insegnato. Prima fa d'uopo di sapere come distinguere malattia da malattia, e fa d'uopo d'averne pur fatte giuste e sicure distinzioni. Non si può cimentare un rimedio senza ben sapere di che si cimenti. Poi conviene, che la stessa generale patologia abbia bene insegnate le *possibili* virtù dei rimedj, affinchè cimentandoli si possa distinguere, per quale di esse riescono operativi ed utili. Guardare in genere all'utile d'un rimedio contro una malattia non basta a conoscere la sua virtù ed il modo di usarlo. Per lo meno non si sa, se allora combatta l'alterazione morbosa, o ne allevii soltanto i fenomeni: per lo meno si confonde la cura diretta coll'indiretta. Vede dunque, che prima bisogna possedere una giusta generale patologia, se si vogliano poi con buon resultato sperimentare rimedj nuovi. E qui appunto è dove si manca generalmente, e qui è dove si corre con troppa leggierezza, e qui è dove con mal diretti tentativi o nulla si raccoglie, o si raccolgono errori. Ma io ciancio forse molto fuori di proposito. Sono questi i primi pensieri che mi son corsi alla mente leggendo il titolo della sua Memoria. Molto probabilmente essa poi è trattata, come il solo titolo non farebbe abbastanza presumere.

Le provi tutto questo mio dire, quanto io abbia
realmente gradito, che Ella si sia occupata d'un
così grave ed importante argomento. Qui ne par-
leremo meglio se Ella vorrà. Ma intanto mi permetta un'amichevole sincerità. Attendo a giorni
due Giureconsulti romani, che hanno scritto di
venire; e sarei molto increscevole che Ella s'in-
contrasse con questi, e non trovasse in mia casa
nè tutta la libertà che può giustamente desiderare, nè quei comodi, che io debbo bene pro-
curarle. Perciò mi permetterebbe Ella, che Le
scrivessi, quando i Giureconsulti romani saranno
passati ed ella potrà più liberamente venire? E
con Lei non verrà alcun altro? So che Bini vuol
andare a Pontedera e, briccone! mi mancava alla
parola già quasi datami. Il Ghinozzi pure pare
retrocedere dal suo divisamento. E il Ranzi che
fa? E il Rozzi che volle godersi la Spezia?
Dica al suo sig. fratello Cancelliere, che oggi
metto in posta una lettera per lui e dovrebbe
riceverla. La ricerchi dunque, se mai gli man-
casse. Occorre l'abbia prima del dì 25.

Mi creda sempre

Suo aff. M. BUFALINI.

Al Ornatissimo Signore, Il Sig. Giuseppe Moricci, Pittore.
Recapito nel Liceo di Candeli in via dei Pilastri, Firenze.

Milano a dì 11 Agosto 1839.

Amico Carissimo

Veramente ho tardato un po troppo a rispondere alla tua carissima lettera, ma credimi che è
tanta in me la fretta di condurre a termine i

miei lavori che poco tempo mi avanza di riposo, ed in allora mi trovo sì stanco ed annoiato che difficilmente mi induco non solamente a scrivere ma nemmeno a leggere. Tu riderai di certo sentendo che lavoro con tanta assiduità in Milano, mentre che à Firenze non ho dato gran segni di grande zelo per lo studio, e si lamentavano molto a ragione che io poca voglia avessi di lavorare; ma io non ho già detto che qua io mi sento più volontà di lavorare che a Firenze, anzi essendo assai debilitato nel fisico ed in conseguenza anche nel morale, io mi occupo sempre forzatamente e soffro non poco nel domare così il mio spirito: Ma cosa non fa una volontà determinata ad un fine che si è prescritto? vince anche le più forti tendenze della natura; il vivo desiderio che io sento di ritornare a Firenze e di lasciare questa città ormai per me noiosissima, mi ha fatto diventare studioso mio malgrado. Adesso sto dipingendo la figura di Socrate (1) ed alla metà dell'entrante settimana spero (se non crepo) di aver finito di ricuoprire tutto il quadro, alla fine del mese sarà finito anche quello per Sig. Gavozzi (2), e così m'avanza il settembre per ritoccare tutti questi tre lavori. Ma come è il mio solito anche questi quadri che sul principio mi parevano sopportabili, ora mi sono venuti a noia e non gli posso più vedere, ora mi pare che po-

---

(1) Nel quadro *La morte di Socrate*.
(2) Rappresentante *Clemente VII che approva la regola di San Gaetano*.

trei comporli e dipingerli molto meglio, ma sono persuaso che se tornassi a farli anche cento volte seguiterei sempre ad essere malcontento, e convinto di questa verità dopo aver cercato di ridurli meno cattivi che mi sarà possibile gli lascerò, riserbandomi a cercare una via migliore in altre opere che spero di fare dopo di queste. Amico caro la pittura come tu sai è estremamente difficile e ti confesso il vero che se dovessi ritornare fanciullo scieglierei tutt'altra arte che questa per occupare la mia vita. E ti pare forse poca pena il vedere una meta lontana alla quale non possiamo avvicinarci che poco e dopo grandissimi sforzi! Aggiungi a questa incontrastabile difficoltà, la tendenza del secolo ad un gusto depravato con il quale devono continuamente lottare i veri seguaci del Arte, il non essere mai soddisfatti di se stessi, e quel che è peggio il vedersi da uno sciame di ignoranti osservatori anteporre una stonata mostra da bottega, ad un quadro di pensata composizione e di un armonico effetto ; e non ti pare che tutte queste cose sieno bastanti a far perdere la pazienza ad un pittore che avesse due dita di senno. Ma se dovessero pensare a questo non vi sarebbe un Artista (intendo dire dei veri artisti) che non gettasse la tavolozza e i pennelli nel viso agli indiscreti ed ignoranti aristarchi e voltasse le spalle ad un Arte bella sì, anzi bellissima, ma tanto difficile e così poco intesa. Per darti un'idea dell'intelligenza dei signori Milanesi, ti dirò una osservazione che fece sul' Arte un di quei tali che pretende il nome di conoscitore. Venendo a vedere uno dei miei lavori, si mise a parlarmi in questa maniera : Perchè mai voi altri pittori quando fate dei quadri mescolate da per tutto l'ombre con i lumi, o non si potrebbe egli fare un quadro dove le figure fossero illuminate per ogni dove, e far di meno di quelle maledette ombre che io non posso soffrire ; vi dico il vero che se io dovessi ordinare un quadro proibirei assolutamente al pittore di fare del ombre, e poi soggiunse, perchè fare quella figura voltata di dietro, e non poteva stare anche voltata davanti; dopo queste mi fece molte osservazioni sopra questo tenore ed andò via dicendomi che le parti illuminate del mio quadro gli erano piaciute; ma che le carni le avrebbe volute più bianche. Io come ti puoi immaginare, fra la stizza e la maraviglia non gli risposi poichè non erano cose degne di risposta, ma poi la vinse il disprezzo, ed accompagnai l'ultime sue domande con delle risate e delle risposte bernesche, facendogli chiaramente vedere la stima ch'io faceva di lui e delle sue sciocchezze. Ora pensa il piacere che deve avere un Artista educato con buoni principj ad esporre un opera ad un pubblico composto per la maggior parte da cotali intelligenti. Ma non parliamo più di loro che ne abbiamo parlato anche troppo.

Circa alla domanda che tu mi facesti per quel giovine Architetto, ti mando in risposta l'acchiuso foglio che potrai consegnare al detto Giovine.

Io non conosco il metodo che tiene codesta accademia per istruire nel Architettura ma son cierto

che in quanto a prolissità quella di Milano non
gli sarà punto inferiore, poichè quanti giovani
pittori si son messi ad imparare in quest'Accademia i rudimenti d'Architettura, non rifiniscono
mai di nominare l'insopportabile prolissità dei
professori. Se poi codesto giovine si porta a Milano per migliorare il maestro potrà allora essere
che lo trovi migliore di codesto e se non altro
più giovine. Se io dovessi consigliare un mio amico
sopra quest'affare direi che essendo già molto
avanti nel Arte non farebbe male a venir a Milano
essendovi maggiore facilità di metterla in pratica,
ma se fosse ancora ai principi, mi pare che il
compenso non sarebbe sufficiente per indurlo ad
abbandonare la Patria; ma come dico non conoscendo nè il Vannini (1), nè i suoi metodi non posso
sopra ciò dare un giusto consiglio, nè posso altro
che spedirgli come ho fatto il modo d'insegnare
che si tiene in quest'accademia onde egli veda ciò
che li parrà il migliore. Il Babbo (2), alla metà del
mese anderà a Val madrera per dar gli ultimi
tocchi alla sua cupola, Gigino (3) va a Seregno
per dipingere due quadri a fresco e Gaetano lo ac-
compagna, io restò in Milano a lavorare. Benchè
a te possa poco interessare perchè non gli conosci,
pure ti voglio dire i nomi dei premiati in quest'anno
a Milano. Nella pittura, che rappresenta il medico
Filippo che legge la lettera che l'accusa di tra-

(1) Giuseppe, professore di architettura.
(2) Nel grandioso affresco condotto dal padre, anche
Giuseppe aveva eseguito la mezza figura d'un vecchio.
(3) Suo fratello.

dimento al cospetto d'Alessandro Magno che sta intrepidamente bevendo il liquore sospetto, ha avuto il premio un certo Domenico Induno Milanese (1), giovine di molto talento. Nella scultura, che rappresenta Aiace ed Ulisse che cercano di placare Achille per indurlo a ritornare al campo, è stato premiato un certo Buti, benchè a detta di molti non fosse il migliore; e nel disegno che rappresenta il Doge Enrico Dandolo in atto di ricevere il baston di comando in S. Marco di Venezia, per l'impresa di terra santa, ha avuto il premio un certo Comienti giovine di qualche talento.

Non essendovi più foglio bisognerà che finisca questa lunghissima lettera, benchè avessi ancora da dire non poche cose. Saluterai caramente gl'amici ed in particolare i Burci, e dirai ad Emilio che ho ricevuto la sua carissima lettera, che mi ha fatto molto piacere. Addio caro amico, scrivimi che mi fai molto piacere e credimi il tuo

Aff^{mo} amico
GIUSEPPE SABATELLI (2).

Salutami Manfredini, ed inculca a Marinelli la volontà di lavorare.

---

(1) Si sa quale alto posto nell'arte seppe poi ottenere *un certo Domenico Induno.*

(2) Valente pittore, nato a Milano, dove il padre, Luigi Sabatelli, fiorentino, era direttore dell'Accademia delle Belle Arti. Morì, assai giovane, nel 1843, lasciando un numero ragguardevole di opere egregie.

Al Preg.mo Sig.re
Felice Le Monnier Tipografo, Firenze.

Preg.mo Sig.re

In risposta alla gradita sua del 29 p. p. 7bre. Le dichiaro che l'autorizzo ad acquistare e spacciare quelle copie del *Marco Visconti* dell'edizione di Bastia, che sarà per ricevere dal Sig. Fabiani Cesare di colà. Quanto al compenso, non conoscendo la natura dell'affare che Ella intende di concludere, nè il numero degli esemplari, nè il prezzo per cui saranno venduti non potrò farle una domanda fondatamente ragionevole; e però lo rimetto interamente alla Sua lealtà, della quale m'ha dato buona caparra coll'avermi chiesto l'assenso, quando ve n'ha molti che fanno i fatti loro senza neppure degnarsi di dir guarda! ai poveri autori.

Se Le bisognasse una dichiarazione più formale non ha che ad avvertirmene e la spedirò subito.

Le scrivo da Treviglio, un paese dove mi trovo per qualche giorno di vacanza, e ciò per non ritardarle la risposta.

Mi creda con viva stima

Devmo servitore
TOMMASO GROSSI.

Treviglio, 4 Ottobre 1849.

———

A Luigi Alberti, Firenze.

Di casa, 13 aprile 76.

Si signore, è una delle solite ubbíe, le quali bisogna levarsi dal capo.

Corressi quei *cotesti* (1) che mi parevano usati per *questo* alla lombarda; del resto accetta solo quel che par giusto a te. Parlai col sor Felice (2), e mi disse che la lettera era meglio scriverla a te (3); ed a te la scriverò, riletta che abbia la prefazione, la quale ad ogni modo non dèi farla stampare se non finito il volume. E così mi disse di averti detto anche Le Monnier. La porto meco a Castello, e lì con comodo la leggerò, e annoterò, e scriverò la lettera.

Guarisci presto, e voglimi bene.

Il tuo Fanfani.

A Luigi Alberti, Firenze.

Caro Gigi,

Ora che, se si dà un calcio ad un sasso, scappa fuori un *autore drammatico*, e che questa cosa di scriver commedie, del più difficile esperimento letterario, quale il dicono tutti i maestri, par diventato il più facile, e scrivono commedie, e, come gli chiamano, *Proverbj* (4), *indocti doctique,*

---

(1) L'abuso del *cotesto* invece di *questo* e *quello* è andato tant'oltre che, oggi com'oggi, vi cadono anche gli scrittori che vanno per la maggiore.

(2) Le Monnier.

(3) Allude alla lettera che è qui appresso. Doveva essere pubblicata in fine del primo volume delle *Commedie di Luigi Alberti* (Firenze, Le Monnier); ma poi non fu, forse perchè si voleva darla col 2.º vol. che non venne mai dato alla luce.

(4) Allude alle colluvie di scritti comici, che, anni sono, da dotti e indotti, si posero fuori col titolo di *Proverbj*; i quali veramente non erano altro che brevi commediole.

giovani e vecchi, donne e ragazzi di prima barba, ora mi piace molto che tu dia fuori raccolte insieme tutte le tue commedie. Tu hai le più e le migliori parti del buon Comico (e se vuoi dir *Commediografo*, dillo anche tu): pratica del mondo; delle nobili e delle popolane conversazioni; ingegno pronto ed arguto; conosci bene il teatro moderno e l' antico; hai studiato e studi sempre, benchè alquanto in là con gli anni; sai che cosa vuol dire arte, e ne conosci la ragione; hai pronta la lingua; e come studioso di essa, e come nato in Toscana, la sai adoprare garbatamente: moltissimo poi ti ha dato la natura, senza i cui doni chi si mette a tirare codesta carretta fa delle cento volte le novantanove un buco nell' acqua. Io non voglio far confronti tra te ed altri scrittori di commedie anche più nominati: dico solo che le tue hanno doti invidiabili, e quella massimamente della vivacità e naturalezza del dialogo e della lingua, la quale è schiettamente italiana, che viene a dire Toscana, ma senza troppo toscanesimo e fiorentinità. O dei difetti non ce ne sono? Sì, ce ne saranno, perchè opera umana senza difetti non è possibile, e qui più che altrove calza a capello l' *optimus ille est qui minimis urgetur;* ma a me sembrano pochi e lievi davvero, nè tali che possano dare altrui materia di mal esempio.

Un' altra cosa poi mi piace moltissimo, ed è la Prefazione, nella quale, dài precetti dell'arte così pratici, così veri e certi, ma senza l' ombra di presunzione e quasi non parendo tuo fatto,

che meglio non fecero nè Aristotele nè Orazio,
i quali insegnano a modo de' maestroni, allac-
ciandosi la giornea; ed anche (Signore Dio perdonatemi!) in modo da impastojare gl'ingegni.
In una cosa per altro mi par che tu largheggi
un po' troppo. Tu dici che nel dialogo bisogna
attenersi piuttosto alla verità che al purismo;
che l'arte *vestita da maestra di lingua in teatro
finisce con l'annojare;* che la lingua cammina
sempre e *si modifica sempre in ragione dei bisogni del popolo;* ed altre simili proposizioni, le
quali ai poco accorti potrebbero farti credere un
di coloro della lingua dell'avvenire. Dico ai poco
accorti, perchè tu stesso chiarisci poi il tuo concetto, il quale non ha, chi ben guardi, nulla di
licenzioso. Tuttavia sarebbe stato bene l'aver
dichiarato apertamente che tu intendi di favorire
e accettare il solo uso buono e ragionevole, non
l'abuso che dai più si scambia con esso: dovevi
dire che le voci nuove bisogna solo accettarle
quando il corpo della lingua non le ha equiva-
lenti; che questo mutarsi continuo della lingua
non è poi cosa tanto desiderabile, nè da doverlo
ajutare, dacchè la continua mutazione le trasforma
e si perdono a poco a poco, e dacchè, se non
lo dicono i Platonicini odierni, lo diceva Platone
proprio: *è più vergogna ad un popolo il perder
la lingua che la libertà.* Dovevi dire altresì che,
a volere scriver bene, anche per il popolo, si
dee far fondamento sull'uso comune buono; ma
si dee anche studiare assiduamente i buoni scrittori, e farsi autorità dell'esempio loro, perchè

così le lingue si mantengono, come si è mantenuta la nostra quasi la stessa per sei secoli: la quale si muterà ogni cinquanta anni, se prendono piede le matte dottrine che ora si predicano da molti; ed all'ultimo si altererà per forma che diventerà un'altra, e non ci sara chi intenda più la *Divina Commedia*. Dovevi dire per ultimo che a questo modo il Teatro, scambio di farsi discepolo della plebe, o becera o nobilesca, e seguace de' suoi errori, ajutando per conseguenza la corruzione della lingua, sarebbe, com'è suo ufficio, maestro ai diversi popoli d'Italia; sarebbe, come di fatto potrebbe essere, il più efficace strumento della unificazione e conservazione della schietta lingua italiana. Ma quanti sono gli scrittori di commedie, i quali piglino cura della lingua? *Vel duo, vel nemo:* anzi i più, essendo al tutto ignoranti di essa, che ti fanno? sbeffano gli studj di lingua per mascherare con tale astuzia la loro ignoranza, e si vantano di non esser pedanti. Odi malizia?... Ma tu mi ficchi gli occhi (volevo dir gli occhiali) sul viso, e fai bocca da ridere, quasi volendo dirmi tacitamente: « E ora come c'entra il far a me codesta predica? » Hai ragione; ma ad ogni modo non la facevo per te, che non ne hai di bisogno: volevo solo amichevolmente rimproverarti del non aver detto tu stesso queste cose; non dico ad ammaestramento, che d'ammaestramento non sono capaci, ma a rampogna dei sopra nominati, e di tutti coloro, i quali, con la scusa delle nuove dottrine comodissime, non si confondono a leg-

gere buoni libri, od a studiare tanto quanto, e
scrivono le loro commedie con quella lingua con-
venzionale onde parli tu stesso, la quale d'italiano ha a fatica la desinenza delle parole (1).

Ma ho chiacchierato anche troppo. Bravo da
capo; e voglimi sempre bene,

Il tuo FANFANI.

Al pregiatissimo Signore,
Il Sig.r Felice Le Monnier, Firenze.

Gentilissimo Sig.r Le Monnier,

Pistoia 29 9bre 49.

Il nostro Cesare (2) mi comunicò le osservazioni
da Lei fatte sul mio disegno della proposta edizione dell'opere del Davanzati, ch'Ella mostrò
desiderio ch'io pigliassi a curare. Quanto al
mezzo punto sono con Lei, perchè sebbene
molte e buone ragioni stiano a favore di esso,

---

(1) La « predica » del Fanfani pur troppo era fondata!
Qual sia la lingua degli scrittori comici moderni, ne in-
formi chi va a Teatro. Le versioni poi sono addirittura
roba da fare arrossire. Recentemente i giornali divulga-
rono, che per l'anno 1891 non fu potuto aggiudicare a
favore di alcuno de' concorrenti il premio, fissato dal Ministero della Pubblica Istruzione per la migliore commedia;
e, fra gli altri motivi, il giornale *Fanfulla*, faceva notare
che « Quando la coltura è imbarbarita, e la lingua nazionale non si sa scrivere, come è il caso di parecchi de' nostri autori, incominciando dall'autore della *Moglie ideale*
(M. Praga), la suprema raffinatezza del lusso letterario, che
è appunto la commedia, non ce la possiamo permettere ».
(2) Guasti.

tuttavia si vuole avere rispetto all'uso che nol soffre. Anche le postille di cui detti saggio saranno forse troppe e troppo scolastiche, massime avuto riguardo al disegno Suo ed allo sconcio che dalla loro moltiplicità ne verrebbe alla parte artistica della edizione. Ma in questo caso bramerei sapere con qualche precisione quali debbono essere i limiti dell'opera mia. Però mi permetta di farle alcune dimande. Degli studii recenti sul testo di Tacito debbo io valermene per avvertire il lettore, quando il Davanzati segue lezione non buona o almeno diversa da quella de' meglio reputati testi? Dove l'italiano è men chiaro del latino, debbo io notar nulla che renda più spedita l'intelligenza? Dove ha o mostra d'avere franteso (che pure alcuna volta accade) debbo io passarmene? De' riboboli fiorentini ho da dir nulla? E il mio pensiero di valermi dell'autorità d'altri buoni traduttori Le spiace? Avendo detto il nostro Messer Bernardo che a chi non piacessero certe sue frasi dava licenza di *scambiarle a voci e maniere più comunali,* io mi pensava che ciò avrebbe servito al comodo di chi avesse voluto far questo scambio prontamente e con buona autorità. Delle brevissime postille storiche non Le chiedo nulla, perchè vedo esser quelle la parte che con ragione può dirsi scolastica, e che non deve aver luogo in edizione non destinata alle scuole. Sebbene l'accennare un'epoca o il fare un richiamo può esser comodo anco a' non scolari. Ho creduto doverle accennare queste cose, solo per non buttar via la fatica. Ma del resto io mi rimetto in tutto a Lei e a Cesare. Se, non ostante il poco tempo di cui posso disporre, consentii di pigliarmi questa cura, fu, non per ambizione letteraria che sarebbe stoltissima in me, nè per interesse a cui non ho mai badato, ma perchè ciò mi porgeva occasione di stare un po' più famigliarmente con due scrittori che mi duole di non sapere a memoria. Sicchè il mio intento sarà sempre raggiunto qualunque sia l' opera che su di essi Ella mi prescriverà. — Per la copia interfogliata qualunque edizione è buona, purchè non sia un sacrilegio. Non mi pare che metta conto sciupare un' edizione come la Remondiniana o la Cominiana o la parigina del Conti, che sono quelle che ho in animo di tenere a raffronto. — Per le operette minori veda se mi procura l' edizione di Siena, per Pandolfo Rossi, 1828, e lo *Scisma* pubblicato dal Gamba, Venezia, Alvisopoli 1831. — Intanto farò qualche cosa colle stampe e nel futuro Autunno m' occuperò de' manoscritti.

Pieno di stima me Le offro di cuore

Dev.mo Serv.re

E. BINDI (1).

_____

(1) Valente letterato pistojese. Restituì le opere del Davanzati alla vera lezione, pubblicandole con una sua bellissima introduzione storica. Morì, Vescovo di Siena, nel 1876.

All' egregio Sig.,
Il Sig.re Felice Le Monnier Tipografo, Firenze.

Gentilissimo Sig.r Felice,

4. ag. 51.

La Sua letterina mi ha messo in costernazione, e mi c'è voluto del buono prima di rimettermi un po' di fiato in corpo, tanto da poterle rispondere due versi come ora fo. Ella vuol subito nelle mani il mio caro Messer Bernardo! Subìto! Ma questo è un volermi strappare il cuore! Sappia ch'io me lo tengo sì strettamente abbracciato, che non vorre'mai lasciarlo ire finchè avessi respiro. Pure tra un due mesi, cioè, dopo gli ozi autunnali, quando Ella battesse in pel brusco davvero, chi sa che non mi dessi vinto. Ma prima è impossibile. Morirei. Se sapesse quante belle carezze ch'io gli fo! basta, vedrà.

Fuor di celia. Ho ripreso da vari giorni il mio compito e tiro via. Nel prossimo settembre potrò lavorare anco più gagliardamente in codeste librerie, e baderò di darle spacciato il lavoro al più presto possibile. Già La si ricorderà che non Le promisi di far presto. — Ho trovato alcune cosarelle inedite e curiose. Ma qualcuna potrebbe dar nel naso al S. Ufizio. Vedremo di cucinarla in qualche modo.

Tanti saluti al Sig.r Barbéra, e mi abbia sempre pel Suo

Aff.mo Serv ed Amico
E. BINDI.

A F. Le Monnier, Firenze.

12 Maggio 1853.

Carissimo Sig⟨re⟩ Felice,

Ma è proprio vero che questo scomunicato Bernardo m' è uscito pure una volta? da dove vorrei dirlo, se stesse bene a un canonico. Eppure, eppure non ci credo. Ho sì negli orecchi, da due anni in qua, la voce del Sor Felice, che mi par sempre d' udirlo gridare: Animo! presto! che si fa? Onde per levarmi questa apprensione, da ieri in qua non fo che dire a me stesso: Ma se è finito, che paure son codeste? Ecco qui il secondo tomo, bello, paffuto e luccichente, con altri quattro suoi fratelli e con altri, volendone, come qualmente si fa sapere al sor Felice gentilissimo. Dunque allegri; e via le ubbìe. —

Dopo questo bel soliloquio, eccomi a lei signoria. E prima di tutto Le restituisco la Nestiana, la Cominiana, che se le porti tramontana. Poi La prego umilmente di trasmettere le cinque copie rimaste costà al Signor Cesare Guasti, ch⟨e⟩ sa lui quel che ha a fare. Il qual Signor Cesare, mi mette in considerazione che sarebbe conveniente di mandarne una al Cav. Pezzana, da me molestato più volte! Ma con quelle cinque siamo corti Sicchè se la sbrighi Lei con lui, perchè io non ci metto su nè sal nè olio.

Ho visto il principio del Vocabolarietto, e mi par che venga bene. Sarà un buon negozio per l'amico e per Lei.

Cento mila grazie con altrettanti saluti cordialissimi, e stringendole gagliardissimamente la mano me Le confermo e riconfermo

Suo aff^{mo}

E. Bindi.

P. S. Si ricordi di rimandar que' libri alla Crusca. Mi mandi il resto de' foglietti, rimasti a pag. 660, se no, non so che farmi degli altri.

All' Illmo Sig. Pad.ne Col.mo
Il Sig. Cesare Borgognoni, Sinigallia.

Mio carissimo Borgognoni

Molta consolazione mi ha fatto l'aver qua una tua lettera che m'è testimonio, che tu prendi ancora interesse di sapere di me povero vagabondo. Nel mio viaggio non potei fermarmi che a dormire in una locanda fuori di Sinigaglia, dove giungemmo a ora ben tarda, e la mattina, onde arrivare qua la sera, si partì per tempissimo. Cosicchè non mi fu permesso di venirti a trovare: e dovea pur rivedere anche Tranquilli al quale lasciai solo un biglietto di scusa. Parlai però di voi tutti colla locandiera Formica, e le cose che questa mi andava di voi carissimi raccontando, mi raddolcivano in parte l'amarezza di non potervi rivedere.

Recanati gioverà forse alla mia scarsella; ma poco anzi nulla all'intelletto mio. Mentre qua *tota die cursitando* non resta un'ora da dare allo studio. E questo per me è gravissimo a sopportare. Ho

conosciuto il Conte Giacomo Leopardi (bellissimo
nome italiano), e le sue dolci maniere e la sua
rara modestia congiunte ad una dottrina che fa
stordire, mi stimolano ogni giorno di conversare
con lui. Ma che! io non ho avuto tempo che di
visitarlo due volte sinora nella sua libreria.

Mia moglie ti risaluta, e tu mi saluterai la tua
e bacierai per me i tuoi figliuoli, e mi ricorderai
a Cattabeni e Tranquilli. Addio.

Recanati 2 maggio 1825.

Il tuo PUCCINOTTI (1).

A G. Canestrini.

Torino, 20 Aprile 63.

Ill.mo Signore

Ritornato soltanto ieri l'altro a Torino dopo
un'assenza di 20 giorni, trovai la preg. Sua
del 31 Marzo scorso, dove Ella mi eccita corte-
semente a volere rivendicare a suo tempo, nel
parlamento, la priorità degl'Italiani e particolarmente della Toscana nello assetto dell'imposta
unica sulla ricchezza mobile (2).

---

(1) Francesco Puccinotti, l'illustre autore della *Storia
della medicina*.

Il Borgognoni poi rimandò questa lettera al Puccinotti
con la seguente soprascritta: *All' Ill.mo Sig.e, Sig. P.ne
Col.mo, Sig. Professore Francesco Puccinotti, Pisa;* ag-
giungendo in calce le parole qui appresso:

« Per Dio! leggi questa tua lettera di trentatrè anni ad-
dietro! Io veramente posso dirti *quantum mutatus ab illo!*
— Cesare Borgognoni ».

(2) Questa gravezza di fatti non fu trovata dai ministri che governarono nel 1864. Il Varchi nelle *Istorie* (III,

Ella mi onora oltremodo stimandomi idoneo a tanto assunto e lo imprenderei, se le mie convinzioni sulla materia fossero favorevoli alla imposta unica sulla ricchezza mobile; ma non è così: io sono d'avviso che questo sistema d'imposta non sia conforme all'indole, alle consuetudini, al carattere degli italiani presi in complesso; io credo ancora che una tassa di codesta specie darebbe assai poco al Tesoro, e solleverebbe molto malcontento per le ingiustizie inevitabili che accompagnerebbero la sua applicazione.

Dopo queste considerazioni Ella non dubiterà più essere io il meno adatto a far spiccare i pregi dell'imposta unica, e me ne duole se non per altro che mi è tolta l'occasione di assecondare la patriottica Sua brama e di darle segno della massima stima che ho l'onore di professarle.

---

p. 36 ed. Arbib), scrisse : « L'arbitrio era una gravezza che si pose la prima volta l'anno 1508 per le spese, che s'eran fatte e si facevano continuamente nella guerra di Pisa ; e perchè la non si pose in su' beni stabili, ma in su gli esercizj ed in sulle faccende che facevano i cittadini, e per conjettura di quel che potevano eglino guadagnare l'anno con l'industria loro ; fu chiamata questa gravezza *L'arbitrio*, e durossi a pagare infino all'anno 1561, nel qual tempo ci fu tolta via dal Duca Cosimo, come gravezza non molto utile ed ingiusta ». Rispuntò di poi sotto il titolo di *Mezzo per cento*, ed un uffizio chiamato appunto del *Mezzo per cento*, tassava in Firenze ciascuno a pagare ogni anno tal somma per ogni cento di scudi delle sue entrate e guadagni. Da mezzo scudo crebbe poi sino a otto lire. Cfr. P. FANFANI e C. ARLÍA. *Lessico dell'infima e corrotta italianità*, p. 302. Milano, Carrara, 1881.

Gradisca i miei ossequiosi saluti e mi consideri
quale mi raffermo:

Suo Devoto

G. Lanza.

All' egregia Attrice la Sig. Maddalena Pelzet, Genova.

San Remo 12 Agosto 1830.

Preg.ma ed Amabile Sig.ra

Assediato da tante occupazioni della mia amministrazione, appena, dopo molti giorni, mi si
concede un momento di pigliar la penna, pe' miei
amici. Onde Ella mi avrà per iscusato pel mio
troppo indugiare, e spero che queste due righe
La ritroveranno ancora nella magnifica Genova,
e che mi vorrà favorire di Sue nuove. Io sono
ritornato alla solitaria mia vita, pagando cari i
bei momenti che ho goduto in Toscana; privo
assolutamente d'ogni compenso. La prego di
presentare i miei affettuosi complimenti al Sig.
Suo consorte, di dirmi quali novità teatrali e con
quale successo sieno state recitate dalla compagnia, ma più di tutto di comandarmi ove io
possa obbedirla e di credermi qual sono di tut-
t' animo

Serv. ed amico Suo devotissimo

Nota.

All' Egregia Sig., la Sig. Maddalena Pelzet, Comp. Vittorio Alfieri, Genova.

Egregia Sig.ra Maddalena

Egli è un secolo che sono privo di novelle
di Lei e della compagnia a cui Ella appartiene.

Il contino Leardi mi fece sperare tempo fa, che la compagnia Alfieri sarebbe venuta a Casale, ed io ne gioiva veramente. E poi mi fu detto che non veniva più. Come va questa faccenda? Io aspetto ansioso di sapere come vanno le cose Sue, se anche da loro si mettono da parte le mie commedie per dar luogo alle novità francesi. Non so quale dispiacere io abbia potuto fare al nostro Niccolini, il quale non risponde più alle mie lettere. Eppure e per Niccolini e pe' buoni nostri amici io sono e sarò sempre lo stesso Alberto di venti, di trent' anni fa. Se posso ubbidirla, mi comandi, che niuno La pregia e La stima più di quel che fa

Il Suo aff. e deditmo
ALBERTO NOTA.

Casale, 18 Xbre 1838.

Al Sig. Giuseppe Canestrini, Firenze.

Caro Canestrini,

Quattro giorni fa il Re ha segnato il tuo decreto di nomina all' ordine dei Cavalieri di SS. Maurizio e Lazzaro. Porta dunque tu pur la tua croce. La devi non ad altro che al merito tuo proprio, sicchè non hai da arrossire.

Ho tardato a darti questa notizia, ma spero di essere ancora il primo. Ebbi la tua lettera, che mi è stata cara: desidero di rivederti presto: io ho rinunciato al pensiero di andare a Bologna: voglio attendere a' miei studi, e il tempo è corto.

In Novembre vedrai un mio nuovo libro. Sono seimila versi sciolti in sei canti, intitolati *Ariberto:* cose moderne private e pubbliche; cioè dramma ed epopea: insomma il cinquantanove.; l'anno gravido di tanti eventi e fortune. È messo in rilievo il Re nostro, il moto nazionale, la militare prodezza, le conventicole dei nemici neri e d'altro colore; infine è un libro che potrebbe esser letto come tanti altri.

Io a questi tipografi chiedo quattromila lire: chi sa se vorranno darmi tanto loro sangue, e così prezioso! Parlane tu pure a quei di costì: non so se sieno molto grassi.

Addio; una stretta di mano cordialissima

dal tuo PRATI.

Torino 25 Agosto 1860.

All' Illustre Sig. Gio: Battista Niccolini, Firenze.

Mio caro e venerato Signore,

Livorno; 20 7bre 1846.

Io non posso nè debbo più stare in silenzio con Lei circa una cosa che Le riuscirà gratissima a sapersi. Dei tre Inni di Foscolo alle Grazie posso accertarla che il primo, almeno il primo, è ritrovato tutto intero; e mi pare maraviglioso. Prima di tutto le cure veramente religiose della Sig. Quirina per dicifrare parecchi fogli dell'illustre Autore, e poi la fortunata scoperta di altri M. S. del medesimo, intorno ai quali io sono lietissimo di aver sudato per più d'un mese e mezzo, meno di fatica che d'ansietà e quasi di divino spavento. Queste cose ci hanno reso nella sua integrità il primo Inno ; e, come mi pare di potere affermare fin d'ora, quasi tutto il secondo e la metà del terzo. Se ne rallegri, Sig. Gio : Battista! *Suo fratello* dopo diciassette anni dacchè ebbe riposo rivendicò intiera la sua fama di grande e intemerato Italiano (1); dopo diciannove risorge Poeta. Se io avrò il desiderato piacere di rivederla verso i primi di Novembre ; vorrò Lei testimone oculare delle nuove glorie fraterne, Lei mio giudice.

Intanto Le auguro di cuore ogni più desiderabile felicità, e pieno di riverenza me Le confermo

Umil.^{mo} e sincero ammiratore

F. S. ORLANDINI (2).

All' Illustre Signore Giov : Batta Niccolini, Firenze.

Caro Gio. Batta.

Di Milano 18tt. 1843.

Ieridì solamente ho letta la Vostra lettera, che mi annuncia una cosa desiderata e carissima, perchè fui per quattro mesi perduto nelle valli della Svizzera ed in Tedescheria.

---

(1) Allude alla *Lettera Apologetica* agli Editori Padovani della Divina Commedia, che impose silenzio per sempre ai calunniatori del Foscolo.

(2) Francesco Silvio Orlandini, amoroso raccoglitore delle opere e delle memorie Foscoliane. Del *Carme* dette in luce nel 1848, pei tipi Le Monnier, la prima edizione di soli 500 esemplari, in 8.⁰

Piacciavi dunque di consegnare il pacco senza indirizzo a codesto Gerolamo Conti spedizioniere, il quale dovrà tenerlo a disposizione del Tipografo Guglielmini di qui. A questo modo potrò leggere in quindici g^{ni} (che mi parranno ben lunghi) la Vostra tragedia, senza timore che l'artiglio della censura mi contenda un supremo piacere.

Come vi piacquero i *Piagnoni e gli Arrabbiati* del Revere? La tela parmi assai povera e non rispondente all'altezza e vastità del soggetto, ma buona, in molte parti almeno, l'esposizione. Fatemi sentire il Vostro giudizio per correggere od affermare la mia opinione intorno quel libro, soggetto in Milano di molto discorso. Avrete in breve il secondo volume del *Teatro di Schiller*, che contiene la *Maria Stuarda*, in gran parte rifatta. Magro concambio! ma non posso darvi di meglio. A questa succederà la *Trilogia di Wallenstein*, lavoro che m'ha squarciato il petto e i panni come disse il Berni. Quattordicimila versi! È la prima parte (il *Campo di Wallenstein*) piena di modi proverbiali e bassi secondo la natura degli interlocutori, i quali sono gregari, vivandiere, bagascie, reclutati, ladri e cappuccini. Onde conservare, per quanto mi fu possibile, *l'intonazione* dell'originale, ho dovuto servirmi di qualche maniera fiorentinesca; non so poi se bene o male. Se non temessi annojarvi vorrei sottoporvene alcune scene e giovarmi delle Vostre riflessioni; come di giudice sovrano in questa ed in mille altre materie.

Conservate la Vostra salute, e col saluto di mia moglie accogliete anche il mio con tutto l' amore del

Vostro MAFFEI.

Caro Amico,

La mia corsa autunnale a Firenze non aveva altro scopo che di rivedervi ed appagare un desiderio di nove anni. Parecchie persone mi sconfortavano dal visitarvi dicendomi che Voi non amavate veder più alcuno. Se ne fui dolente lascio a Voi figurarlo; tuttavia mi guardai dal violare la vostra solitudine, e dopo pochi giorni partii da Firenze. Ora un gentil signore Vostro amico mi assicura che non Vi sarebbe stato spiacevole il vedermi; ond'io mi pento di aver dato retta alle immaginazioni altrui anzichè di non seguire il mio cuore che mi traeva a Voi. Ma Firenze non è in capo al mondo, ed una vostra riga che mi persuadessse non esservi io caduto dalla memoria, mi farebbe o nell'autunno o nell'inverno rifare il viaggetto della Toscana. Intesi con piacer sommo che presto arricchirete l'Italia di due nuove tragedie. Quanto mi tarda di leggerle! Io (perdonate se dopo aver accennato le splendide vostre creazioni oso parlarvi delle cose mie), in questo lungo intervallo passai la vita sul lago di Garda lontano dagli uomini, e mi occupai di parecchi lavori: il più importante, se v'ha importanza in

ciò ch' io scrivo, è la traduzione del *Paradiso
Perduto*, che ora pubblica il Sig. Pomba tipografo di Torino. A tale oggetto sono in questo
regno da oltre un mese, e vi starò fino al primo
di luglio. Ora vi scrivo da Genova, ma fra pochi
giorni ritorno a Torino, e se il mio buon genio
v'ispirasse a mandarmi una linea mettete sul-
l'indirizzo *ferma in posta*.

State sano, amatemi e credetemi come sempre

Il vostro ANDREA MAFFEI.

Genova 6 Giugno 1857.

————

A Raffaello Lambruschini, Firenze.

Caro Lambruschini. — Mi tengo in debito
d'additarvi l' *Osservatore Triestino*, come giornale
compilato da un giovane savio, nel qual giornale
potete trovare raccolte le notizie delle cose notabili che seguono segnatamente in Germania;
dico non delle novità politiche, che meno im-
portano, ma di quei fatti, che son le radici del
bene politico, e che posson essere dell' Italia con
onore imitati. Ho indicate con un fregio siffatte
notizie, perchè voi non perdiate il tempo a cer-
carle per tutto il foglio: ma in questo *Osservatore*
troverete, ripeto, raccolto quel che in altri giornali è disperso (1). Giova trarre di Germania gli

————

(1) Il Lambruschini scriveva allora nel giornale la
Patria, e le sue profonde cognizioni di economia pubblica
e privata gli meritarono nel 1848 la fiducia del popolo che
lo volle suo deputato all'Assemblea toscana.

esempi del bene, sì per dimostrare che sapete
distinguere Germania da Austria, sì per condannare co' fatti le austriache grettezze, sì per af-
fratellare le due nazioni, che possono col tempo
giovarsi a vicenda. Insegnato che abbiate il come,
anche un giovane, non atto a scrivere da sè, può
addestrarsi a trascegliere i fatti che dico. Ma
non conviene nominare l'*Osservatore*, per non
gli nuocere con la lode. La *Démocratie pacifique*
s' era messa a lodare l' amico mio : ed egli sa-
viamente pregò, che gli volessero bene, e stessero
zitti. Addio di cuore.

TOMMASÉO.

9 7.e — 47. Firenze.

Preg. Sig. Prof. L. De Steffani (1)
Direttore del Liceo di Livorno.

C. S. D. S.

Ella sa che alla Sua profferta del farmi Deputato di Ferrara al Parlamento italiano, io risposi, ringraziando, di no. E la recente mia lettera
a Lei comincia dal desiderare che il Deputato
conosca bene i suoi Elettori, e sia conosciuto da
tutti loro. Scriva Ella dunque subito a quelli di
Auronzo, non perdano il tempo a proporre me,
che sin dal sessanta, eletto già, rinunziai, e ora
di corto rinunziai alla carica di Senatore, rei-
teratamente proffertami, e ad altre onorevoli cose.
Ma ch' Ella rinunzii all' uffizio di Direttore, nel
quale poteva e far bene e giovare alla famiglia,

---

(1) Luigi Stefani de Steffani, patriotta e scrittore veneto.

mi dispiace davvero. E s'Ella permette ch' io di
ciò scriva al Ministro, ancorchè la mia voce non
sia molto autorevole, farò volentieri. Voglia bene
al suo

                              Tommaséo Obb.

26 Nov. 66. Firenze.

                  A Pietro Fraticelli, Firenze.
C. A.
                              Giugno del 1852.

Ristoro d'Arezzo in una sua opera inedita (1)
intitolata *Della composizione del mondo e sue cagioni*, e che porta la data dell'anno 1282, usa
più volte *usuto* per *essuto* participio del verbo
essere. Tu che conosci il Guadagnoli vorrei che
mi facessi il piacere di scrivergli per sentire da
lui se sa che nel dialetto aretino, e particolarmente nel contado, si usi ancora la suddetta voce
usuto (2).

                              Nannucci.

---

(1) Del libro di *Ristoro d'Arezzo*, Il Nannucci pubblicò
alcuni capitoli nel Vol. II del suo *Manuale della Letteratura italiana* (Firenze, Barbèra) togliendoli dal Cod. Ricc.
di n.º 2164. Lo dette intero alle stampe, sopra un Codice
Chigiano, Enrico Narducci (Roma, Tip. delle Scienze ma-
tematiche e fisiche, 1859), col favore del dotto principe B.
Buoncompagni. Ne riprodusse il solo testo il Daelli nella
sua *Biblioteca Rara*, n.º 54, Milano 1864. Finalmente l'e-
gregio dott. G. Amalfi ne pubblicò il 1.º libro, secondo il
cit. Cod. Ricc. « riproducendolo tal quale con fedeltà di-
plomatica, in 105 ess. (Napoli, pe' tipi di Gennaro M.ª
Priore l'anno 1888) in 8.º di pag. xiv-82.

(2) Il Fraticelli scrisse al Guadagnoli, e ne ebbe la lettera che si legge qui appresso.

Al Ch. Sig. Pietro Fraticelli, Firenze.

Fraticelli, amico mio pregevolissimo.

Arezzo, 7, Luglio 1852.

Di ritorno da Cortona, trovo in posta la grata vostra del 2 stante, alla quale, quanto prima posso, m' affretto a rispondere, e rispondendo a Voi intendo di far paghi i desiderii del meritissimo Prof. Vannucci.

Per quanto abbia fin qui udito, per quanto n' abbia fatto ricerca ancora agli Amici, che più di me hanno avuto luogo di stare a contatto con questi Contadini, non mi è riuscito di trovare che sia in uso la parola *usuto* per essuto, o suto; nè il Redi nel suo Vocabolario delle Voci aretine la registra, nè Cecco del Pulito, nè altri scrittori nel dialetto del Contado Aretino, l' adoprano. Sicchè si può, senza timor d' ingannarsi, assolutamente asserire che, quella voce usata nel 1282, si è perduta nel giro dei secoli.

Tanto significate in mio nome al prelodato Professore, reveritemelo distintissimamente, ed abbiatemi sempre colla stessa affezione

per Vostro Amico sincero
A. GUADAGNOLI.

A. G. Canestrini, Torino.

Amico carissimo,

Tardai qualche giorno a riscontrare la graziosa tua lettera, perchè sperava di venire in persona a Torino a portarti la risposta. Ma l' o-

stinata malattia d' un nostro collaboratore me ne
tolse il potere, e, per ora, la speranza.

Ti ringrazio di cuore dei patti favorevoli che
mi ottenesti dal Le Monnier (1). Trattienti l' am-
montare del prestito fattomi, ed abbiti anche
per esso di nuovo i miei ringraziamenti : del
poco resto disporrò in appresso.

Sono d' accordo, che convenga tentare il ricu-
pero (passami la voce) della piccola somma che
prestai al fratello del Conte B... non sono però
d' accordo sulla strada che a tale uopo mi in-
dichi, e che mi pare abbia in sè un po' del mi-
stero e dell' affettazione. — Meglio che gliene
scriva io stesso, col tuo mezzo, e così feci. Leggi
la lettera, includivi la scritta, suggella e pre-
senta. — E la cortesia e il punto d' onore del
Sig. Conte m' assistano ! Ti ringrazio anche delle
gentili cose che mi dici dei miei versi, e del
mio opuscolo sulla questione del Trentino. A proposito di quest' ultimo, come avviene che nessun giornale toscano n' abbia fatto cenno ? —
E si che ne fu spedito un esemplare a tutti.

Questa freddezza per la nostra causa da parte
dei bravi toscani mi spiacque infinitamente.

Tu dici di annoiarti a Torino: che diresti se
fossi qui, al luogo mio, senza un giorno mai, e
direi quasi senza mai un'ora di libertà, a stil-
larti gli occhi ed il cervello sopra cartaccie,
dalle quali non puoi ripromometterti compenso nis-

---

(1) Allude ai patti per il volume che il Le Monnier stampò
nel 1861, col titolo di *Poesie di* ANTONIO GAZZOLETTI.

suno nè d'interesse nè di gloria? Trista vita è la mia alla quale non potrei reggere lungamente. Mi spiace quasi di avere respinto l'offerta del mio collegio dello scorso anno: in fin de' conti non ho figli, e non si vive che una volta. Maladetta la troppa saggezza!

Non occorre aggiungere con quanta amicizia mio suocero e mia moglie ricambino i tuoi saluti. Appena puoi vieni a trovarci: farai cosa grata anche agli altri trentini.

E ricordati di smontare a casa mia — Corso di Porta nuova N.º 13 rosso — ove il tuo letto e la tua cameretta ti aspettano.

Addio, caro Canestrini, ama sempre

Il tuo GAZZOLETTI.

Milano 1 Marzo 1861.

A Giuseppe Regaldi, Bologna.

Caro Regaldi.

Vieni, vieni: ho sempre tempo per te. Ti farò assaggiare dello squisito Tokai (debiti!). Il *Dante* l'ho avuto in presto: e non occorre, se già non fosse a un dieci lire: cosa impossibile. Il denaro che vuoi mettere nel Dante convertilo nella *costuma ricca del garofano* (1), o del vino di Gattinara, a dispetto di Dante, e ci metta pure nel suo Inferno con Ciacco, egli che sedeva tuttavia alla mensa dei gran signori e amava le *Caroline.*

---

(1) Cfr. DANTE, *Inf.* XXIX.

Avendo affezione per te, ho caro che non ti fidi a' que' giudici di sulla Dora : che non sono sinceri quando pur siano intelligenti in fatto di stile.

Avrai riso della giunta : *Dopo la stampa.* I miei versi non saranno raccolti da nessuno ; perchè bisognerebbe cercarli nei pozzi neri : ma ho voluto far vedere a certi coglioni che sotto mano tentano rovinarmi con la taccia di pigro, che ho lavorato più di loro.

Vieni : parlerò e mangerò con un galantuomo. Vedrai il D. Ermete Pierotti, gran Palestino ! L' indice, dovendo esser minuto, al 2° volume mi noterai anche lo Spreafico (1). Ho gran necessità di denaro.

Tuo CAMERINI.

Milano 14 Febbraio 1868.

(Filippo Orlando)

FELICE LE MONNIER
TIPOGRAFO
Editore delle Storie italiane
DI
GIUSEPPE BORGHI
IN FIRENZE.

Ad Alessandro Manzoni, Milano.

Egregio Signore

Proponendomi di raccogliere e di pubblicare in un solo volume il *Fiore dei Tragici Italiani antichi e moderni*, debbo necessariamente com-

---

(1) Fabio, egregio professore novarese, amicissimo del Regaldi.

prendere nella mia raccolta le opere tragiche di
V. S. Chiarissima. — Innanzi per altro di mettervi mano, io desidererei ottenere la di lei ap-
provazione per quel che la riguarda ; e ove Ella
avesse variazioni od aggiunte, la prego di vo-
lermene favorire, per render così sempre più
pregevole il libro che io sto per offerire agli
studiosi Italiani.

— La pubblicazione di questo volume sarà diretta dall' illustre signor Prof. G. B. Niccolini
e dal signor Prof. Silvestro Centofanti : quest'ultimo scriverà appositamente un discorso sulla
Tragedia Italiana — (1).

Per quel che spetta alla correzione ed alla
venustà tipografica, sarà mia cura che la forma
del libro sia degna dei nomi che la fregeranno.

In aspettazione pertanto dell' onore di un di
lei riscontro, mi pregio di essere con tutta la
stima e l'ossequio,

Di Lei, Egregio Signore,

Devot.mo ed Obb.mo Servitore
FELICE LE MONNIER.

Firenze, 9 Genn. 1843.

---

(1) Questo periodo, di mano stessa del Le Monnier, fu,
nella lettera inviata al Manzoni, cambiato in quest' altro:
— L'Illustre Sig. Prof. Gio. Batta Niccolini ha gentilmente
ceduto alla preghiera da me fattagli, di aiutarmi dei suoi
consigli nella pubblicazione di questo volume, che sarà preceduto da un Discorso sulla Tragedia Italiana appositamente scritto dal Sig. Prof. Silvestro Centofanti —.

Al Pregiatissimo Signore,
Il Signor Felice Le Monnier, Firenze.

Pregiatissimo Signore,

Quand' anche il giusto sentimento del poco
valore de' miei tentativi drammatici non m'im-
pedisse d'accettar per essi l'onore non meritato
e pericoloso di figurare in una scelta, non mi
sarebbe possibile d'aderire alla di Lei troppo
indulgente proposta, avendo io già pensato di
pubblicarne una seconda edizione, ed essendo a
questo fine entrato in trattative con un libraio.

Pregandola di gradire i miei ringraziamenti e
le mie scuse, mi pregio d'essere con tutta la
stima e l'ossequio

Di Lei, Pregiatissimo Signore,

Umil^{mo} Devot^{mo} Servitore
ALESSANDRO MANZONI.

Milano, 13 gennaio 1843.

Al Pregiatissimo Signore,
Il Sig.r Felice Le Monnier, Firenze.

Pregiatissimo Signore,

Non avendo io potuto ottener da Lei che mi
fosse risparmiato il danno della ristampa delle
mie quali si siano tragedie, e ciò ch' era molto
più grave per me, il dispiacere di vederle in
posto distinto, e quindi odioso, al quale io non
avevo certamente avuto l'arroganza di desti-
narle, non mi restava che il soccorso della legge.
Ho quindi l'onore d'avvertirla che ho fatto i
passi opportuni affinchè mi sia assicurato il be-

nefizio della Convenzione (1); la quale non ha permesso che il compimento delle ristampe principiate prima della sua promulgazione; e ha voluto, com'era giusto, evitare ogni effetto retroattivo, non già perpetuare in una parte, e senza ragione, l'abuso stesso che intendeva levar di mezzo.

Confidando che V. S. Pregiatissima non potrà non trovar ragionevole una determinazione presa per necessità e per difesa, passo a protestarmele con tutta la stima e l'ossequio

Devotis.mo e umil.mo servitore
ALESSANDRO MANZONI (2).

Milano, 23 febbraio 1843.

A Enrico Franceschi, Torino (3).

Car.mo Franceschi,

Ricevo, in questo momento, la car.ma Sua dei 28, nella quale mi è annunciato l'arrivo costì

---

(1) Allude alla *Legge sulla Proprietà letteraria*, del 22 Maggio 1840.

(2) Il volume però non fu mai pubblicato; poichè il Le Monnier non volendo ingolfarsi in una lite, abbandonò il pensiero di raccogliere il *Fiore dei tragici Italiani antichi e moderni*, nel modo che aveva da prima divisato.

(3) Queste lettere, e le altre che di Giorgio Pallavicino saranno pubblicate nei seguenti volumi, potranno trovare compiuta illustrazione in due libri dottamente ed amorosamente curati dal prof. B. E. Maineri : *Il Piemonte nel 1850-51-52, Lettere di Vincenzo Gioberti e Giorgio Pallavicino* ; Milano, Rechiedei, 1875 ; — *Daniele Manin e Giorgio Pallavicino. Epistolario politico*, Milano, Bortolotti, 1878.

dei 300 fr. ch'Ella ebbe la gentilezza di consegnare al Sig. Traversa in pagamento del semestre di pigione. Mille ringraziamenti!...

Eccole una nuova seccatura. Era desiderio di Manin che io domandassi a Mazzini il permesso di stampare la sua lettera e la mia risposta. Io ho preferito di scrivere un nuovo articolo; ed è quello che oggi Le trasmetto, pregandola di leggerlo con attenzione, e di dirmene francamente il Suo parere. Io lo credo ben fatto; ma l'amor proprio potrebbe ingannarmi. Nel caso adunque ch'Ella lo approvi, lo pubblichi in foglietto volante, tirandone 2000 copie.

Il formato del foglietto dev'essere quello de' miei scritti politici, colla solita intestazione: *Partito Nazionale Italiano*, ecc. Prima però di pubblicarlo lo esamini colla più scrupolosa attenzione, — qualora Le saltassero agli occhi difetti di raziocinio, o mende di stile non facili a correggersi, mi rimandi l'articolo colle Sue osservazioni. Nel caso contrario pubblichi l'articolo, come Le dissi, avvertendo che non vi corrano errori di stampa. Le raccomando, su questo punto la medesima diligenza: gli errori di stampa mi stuzzicano i nervi...

Forse Le parrà che io parli un po' troppo francamente; ma la franchezza è la mia forza.... Bisogna che il governo del re si persuada che io gli sono amico, ed amico leale, ma non cortigiano, ancor meno *valletto*. Nel resto Ella vedrà che alcune espressioni, un po' troppo forti nella mia lettera a Mazzini, io le ho modificate nell'articolo qui unito.

Dei due titoli: *Non bandiera neutra!* — *La bandiera neutra* — scelga il migliore: io credo migliore il primo (1). Scelga anche fra *insegna anonima*.

Come Le piace il periodo: *Italiani fate senno; chè troppo mi dorrebbe* ecc? Mi sono stillato il cervello per far meglio, ma non ho potuto.... Le ultime parole: *o. adottarla, o non insorgere*, da me sottolineate due volte, vogliono essere stampate a lettere cubitali.

E qui salutandola caramente in nome del mio *ternario* (2), l'abbraccio in fretta, ma con tutto il cuore.

Il Suo PALLAVICINO.

A'x-les-Bains 30 Sett. 1856.

P. S. Dicendosi poco prima: *metta* piede in fallo, sarebbe bene sostituire alla frase: io non voglio *mettere* in dubbio la sincerità delle loro parole: — io non voglio *porre* in dubbio, ecc.

A Enrico Franceschi, Torino.

Carm° Franceschi

Non s'affretti a pubblicare lo scritto che Le ho trasmesso jeri: ho deciso di farvi alcune va-

(1) Fu scelto il primo; cfr. op. cit. *D. Manin e G. Pallavicino*, pag. 586.

(2) Le tre Anne: Anna la moglie; Annetta la figlia, oggi marchesa di Angrogna, coltissima signora della quale il Montanelli aveva cominciato l'educazione letteraria in Parigi ed il Franceschi continuata in Torino; e Anna la nipote.

rianti: La prego adunque di rimandarmelo colle Sue osservazioni; e ciò al più presto.

Una delle varianti sarebbe questa : dopo le parole: Ed il re vorrà, — nessuno ne dubiti.... io direi :

Voi avete, o repubblicani, un interesse repubblicano : permettete che il re abbia alla sua volta un interesse regio. Voi potete pretendere che Vittorio Emanuele sia un *eroe*, ma non un *santo*.

Variante 2ª

.... esce di rotaja un solo momento, siamo perduti !

Il nostro programma, tendente ad illuminare l'opinione pubblica ed a guidarne le prime mosse, ...è dunque una necessità, ecc.

Variante 3:ª

Il Sig. Avv° Poletti nel *Risorgimento* del 6 settembre ecc.

Nel *Risorgimento* del 6 settembre pubblicavasi un articolo dell'Avvocato Poletti contro il bellissimo scritto — *Murat e l' Unità Italiana* — di Giuseppe La Farina. Il Sig.re Avvocato è ostile al nostro programma: egli non è rivoluzionario: vuole che il Piemonte appoggiato ai principj del diritto pubblico europeo ecc.

Che ne dice di queste mie varianti ? Aspetto Sua risposta colla più viva impazienza.

Anna ed Annetta partirono stamane alla volta di Ginevra: io sono qui colla Nipote che procede a rapidi passi verso la guarigione. *Altro non occorrendo*, noi saremo a Torino ai 14 d' Ottcbre. Cento cose alla Sua buona Mamma. In fretta, ma di cuore

Aix - les - Bains 1: Ottobre 1856.

Il Suo PALLAVICINO.

P.S. Ratt: [azzi] così mi scrive : « Vi sono gratissimo della prova di confidenza, che mi deste, comunicandomi il tenore della risposta che faceste a Mazzini. I sentimenti, che in essa esprimete, sono quelli del vero Italiano, e dimostrano la franchezza ed onestà del vostro carattere. Anche senza leggerla, io era certo che avreste risposto in quei termini ».

A Enrico Franceschi, Torino.

Car.mo Franceschi,

Ho modificato l'espressione del mio pensiero per quanto ho potuto; ho anche omesso, per tranquillizzarla, il passo che dice: *Dunque si comprometta il re . . . ;* ma cangiare il pensiero stesso nol potrei: è il mio pensiero, è il pensiero dei miei amici politici. Più s'avvicina il giorno dell'azione, e più urge che il nostro programma sia esplicito. Non reticenze, non equivoci. Che noi non abbiamo fede inconcussa nel governo del re, tutti lo sanno. Manin non ha egli detto: « Fate l'Italia, o Casa di Savoja, e sono con voi; se no, no? » Queste parole — *se no, no* — non sono esse il linguaggio della diffidenza? E che altro sono i miei scritti politici, se non il commento del testo Maniniano?

Se questi miei scritti, ne' quali dico e ripeto:
« L'Italia s'apparecchi all' indipendenza, mediante l'unificazione, e all'unificazione mediante
il re sardo — o senza il re sardo, ove questi
rinnegasse il principio italiano » ... tornarono
graditi al re, perchè dovrò temere che possa dispiacergli il franco linguaggio da me tenuto
nell'articolo in discorso? Che se anche avesse
a dispiacergli, dovrei io mutarlo per cortigiane-
ria, come farebbe un redattore dell' *Espero?*

Io non tracanno la patria alla salute del re!...

Sappia dunque il re ch'egli debb'essere per noi
l'istromento della nostra redenzione — un istromento che noi *vogliamo adoperare* — *ma non
ispezzare dopo averlo adoperato.* Sappia il re, che
s'egli non vuol essere questo istromento per
amore, ... lo sarà per forza: lo sappia, per suo
governo. Noi gli abbiamo presentato lealmente
il nostro *ultimatum*. O con noi, o contro di noi:
egli deve scegliere.

Io non mi curo delle stizze ministeriali, come
non mi curo delle stizze repubblicane. Ora i ministri ci sono avversi, lo so — ma l'opinione,
che fa i ministri, può anche disfarli. Quando
l'opinione si sarà dichiarata per noi, i ministri
dovranno secondarci, facendo buon viso a rea
fortuna, o cederci il campo. Credo anch'io che
Cavour e consorti, in fatto di furberia, possano
far la barba al diavolo, ... ma non la faranno
questa volta a Giorgio Pallavicino: *egli è più
furbo del diavolo!* ...

Lo ripeto per la centesima volta: per me, e

pe' miei amici politici, la questione non è di monarchia o di repubblica; ma d'indipendenza, non d'altro che d'indipendenza.

Vero, verissimo: *Noi non abbiamo fede piena in nulla ed in nessuno, altro che nella forza.* E lo diciamo francamente.

Ciò posto, io credo il nuovo articolo molto opportuno, anzi necessario. La prego adunque di darlo alle stampe, e di farlo uscire alla luce, *correttissimo*, senza ritardo.

Formato, carta e caratteri vogliono essere quelli de'miei scritti politici. Non dimentichi la solita intestazione: *Partito Nazionale italiano ecc.*

Anna e Annetta sono tornate da Ginevra questa mattina. Annetta in buona salute, Anna un po' infreddata. Spero che non sarà nulla. Annetta va bene. Ringraziandola moltissimo delle Sue osservazioni, (osservazioni belle e buone!...) delle quali, com'Ella vedrà, mi sono giovato in alcune parti del mio scritto, l'abbraccio e mi riprotesto

Suo aff.mo amico
GIORGIO PALLAVICINO.

Aix-les-Bains 3 Ott.e 1856.

A Enrico Franceschi, Torino.

Carmo Franceschi

Quanto alla Procura siamo intesi. Aspetto con impazienza l'*Ampliazione* per firmarla, e spedirla. Ieri, Le ho rimandato il mio scritto colle varianti — Lo rilegga di grazia colla massima at-

tenzione, e quando non Le saltino agli occhi
sbagli di logica o mende di stile, ne faccia ti-
rar subito tremila copie, seguendo le norme che
Le ho indicate.

Non vorrei che l'omissione del passo dopo
le parole :

.... *Il cancro esiste : bisogna estirparlo. Non bandiera neutra !*

nuocesse alla concatenazione delle idee ed in-
fievolisse il mio discorso.

Il passo sagrificato è questo :

« Dall'un lato, vuolsi torre ai repubblicani
« ogni speranza di potere, dopo la battaglia, ra-
« pire ai regj il frutto della vittoria. Dall'altro,
« vuolsi impedire che il Re possa abbandonarci
« a mezzo dell'impresa. Dunque si comprometta
« il Re : quando il Re sia compromesso, i mi-
« nistri non potranno servirsi della rivoluzione
« per combattere l'Austria, e della diplomazia
« per uccidere la rivoluzione : essi dovranno cor-
« rere la nostra fortuna di grado e di forza. »

Che direbbe V. S. se, invece di omettere il
passo in discorso, lo modificassi con questa variante ?

« Dall'un lato, vuolsi torre ai repubblicani
« ogni speranza di potere, dopo la battaglia,
« rapire ai regj il frutto della vittoria. Dall'al-
« tro vuolsi impedire che il Re, mal consigliato
« o tradito,.... possa abbandonarci a mezzo del-
« l'impresa. Allorchè il Re avrà gettato il guanto
« all'Europa conservatrice, lanciandosi animo-
« samente ne'vortici d'una guerra rivoluzionaria,

« i ministri non potranno servirsi della rivolu-
« zione per combattere l' Austria, e della di-
« plomazia per uccidere la rivoluzione : essi do-
« vranno correre la nostra fortuna, di grado e
« di forza. »

Così dicendo, io fo ricadere tutta la respon-
sabilità, tutta l'odiosità d' un possibile tradimento,
non sul Re (già da me dichiarato *il re galantuomo*), ma sopra i ministri suoi, del cui mal
volere e della cui mala fede ho tra le mani le
prove incontestabili.

A dirle il vero, mi dispiacerebbe moltissimo
di dover sagrificare, per vani riguardi, il passo
di cui ragioniamo. Ad ogni modo, lo sagrifico,
se a Lei sembri saviezza il sagrificarlo.

Bramerei che gli stampati fossero distribuiti
nel modo seguente:

Cinquecento copie al Salazaro(1), ove questi non
fosse ancora partito alla volta della Toscana;
dugento al Sig.^re La Farina, colla preghiera che
gli piaccia riprodurre il mio scritto, in tutto o
in parte, nel *Piccolo Corriere d'Italia;* cento al
D.^re Pirondi (2) (sotto fascia); cento a Manin (id) ;
cento al medesimo col mezzo delle Assicurazioni
generali; 10 a ciascuno de' grandi giornali dello
Stato senza distinzione di colore politico; 5 a
ciascuno dei giornali minori; 10 a ciascuna Ri-

---

(1) Demetrio Salazaro, calabrese, amico del Mazzini e del
Manin. Autore di un'opera lodatissima sui monumenti del-
l' Italia meridionale.

(2) Esule modenese che visse lungamente a Marsiglia.

vista, 50 al Manolesso (1) per la Sardegna; 300
al Sig.ʳᵉ Cora (2) (pe' miei Elettori) ecc.

Preghi, in mio nome, Valerio e Govean (3) di
pubblicare l' articolo nel *Diritto* e nella *Gazzetta
del Popolo*. Dovendo combattere, ho bisogno di
conoscere i nemici, e di smascherare i *falsi amici*...
Ma ciò resti fra noi.

Il solo uomo, su cui fo disegno è il La Farina. Anche Manin sente altamente di lui. Sti-
moli il valentuomo a scrivere e ad intestare le
sue scritture colla formula da noi adottata : *Partito Nazionale Italiano* ecc. Senza questa formula,
il partito nostro non è un partito, — ma *la torre
di Babele !*

Le tre Anne vogliono esserle ricordate. I nostri rispetti a Sua Madre. Io l' abbraccio col solito vivissimo affetto

Aix - les - bains 6 Ott: 1856.

Il Suo affᵐᵒ Amico

GIORGIO PALLAVICINO.

P. S. Mandi di grazia a Parigi, sotto fascia,
tutte le copie che ancor ci restano (salvo due)
degli scritti Maniniani.

Manin così mi scrive :

« Mandami, ti prego, al più presto cento copie

---

(1) Patriotto veneto, allora emigrato.

(2) Capitano della *Guardia Nazionale*, sostenitore cal-
dissimo del Pallavicino nelle elezioni politiche.

(3) Lorenzo Valerio, scrittore politico valente, onesto e
caldo patriotto, che dirigeva il *Diritto* : Felice Govean egregio anch' esso, direttore della *Gazzetta del Popolo*.

« della prima e cento della seconda serie de'miei
« scritti ».

Egli soggiunge:

« Avrei amato che almeno la seconda edizione
« dello scritto di La Farina avesse l' intesta-
« zione del partito nazionale. Se il terzo apostolo
« fosse renitente ad accettare il simbolo, come
« sperare che lo accetterebbero i neofiti? »

Le raccomando, quanto so e posso, la correzione del mio scritto. Dragonetti si lagna meco
di parecchi errori occorsi nell' edizione de' suoi
opuscoli. — Manin abita: Rue Blanche: 70. —

Ad Alessandro Ademollo, Roma.

Firenze, 11 del 1883.

Caro Ademollo,

Dovevi esser sicuro che per starmene muto e
inerte durante tanti giorni, occorreva che io fossi
malato, e lo sono stato e molto.

L' ultima volta che ti scrissi (mi par che fosse
l' antivigilia dell' Epifania) dovetti troncare la mia
lettera giacchè il servitore del Marchese Ricci (1)
era venuto a cercarmi fino alla Marucelliana per
dirmi che il suo padrone desiderava vedermi subito. Dalla Marucelliana al Viale Principe Ame-
deo non è lungo il tratto. Andai quasi di corsa,
perchè speravo che il marchese mi pagasse pei
molti servigi prestatigli dal 4 Novembre in poi,
data in cui incominciarono i nostri rapporti.

---

(1) Antonio.

Nella Marucelliana si bolle, a motivo delle stufe:
di fuori, soffiava una tramontana glaciale: ero
accaldato, e, a farla breve, presi una *scalmana*,
come si dice in lingua povera, *numero uno*. Per
di più, dal Marchese ebbi una nuova disillusione.
Voleva dirmi che partiva per le Marche quella
sera stessa perchè gli hanno offerta la deputa-
zione del 2.º collegio di Macerata, invece del
Falleroni. Mi incombensò di aprire le lettere di
rette all'*Arte Italiana*, giornale che è sempre in
via di penosa gestazione, e di dar loro l'eva-
sione opportuna (1). Così mi lasciò ed io non ebbi
coraggio di chiedergli un po' di denaro, di cui
avevo ed ho tánto tanto bisogno. Tornai a casa
con un febbrone, e mi sono alzato ieri soltanto.
Mi reggo appena in piedi e fa una stagione
spaventevole. Giuseppina (2) non consentirebbe
mai che uscissi; anco se ne avessi la forza.

Domani andrò nelle Biblioteche e riprenderò
le mie ricerche forse con esito più brillante, perchè credo aver posto la mano sopra un filone
prezioso, cioè le due opere latine *Vitae Italo-
rum* etc. *del Fabroni*, e il *Musoeum Mazuchel-
lianum*. Vedrò anche il *Negri* e sfoglierò i giornali contemporanei della *Fortuna* (3) dal 1794
in su. Fino a quell'anno ho già spogliato molto.

---

(1) Questo giornale, che doveva essere una rassegna di
lusso, e di cui furono divulgati anco i manifesti, non vide
mai la luce.

(2) La moglie del Montazio.

(3) *Sulgher Fantastici-Marchesini*, poetessa intorno a cui
raccoglieva notizie l'Ademollo.

Tutto ciò mi occorre fare alla Magliabechiana (o Nazionale). Per prendere dal *Moreni* l'appunto che desideri andrò alla Marucelliana, ove è un esemplare integro. Alla Nazionale (benino eh ?) l'unico esemplare esistente manca di parecchie pagine state divelte. Ve n'erano tre o quattro copie provenienti da varie biblioteche, ma siccome anche qui c'è il bell'uso di vendere o barattare i doppioni, l'esemplare rimasto è inservibile.

Ti manderò l'appunto esatto del dove trova·e la citazione del Casanova, relativa alla *Corilla* (1). Sono sicuro di aver letto citato quel giudizio del celebre avventuriere in una delle conversazioni col Rosini, scritte da Felice Tribolati sulla *Rivista Internazionale* di Pancrazi, e poi sulla *Gazzetta d'Italia*, supplemento letterario domenicale.

Tu mi parli della pubblicazione delle mie *memorie*. Dicerto, esse sono tutte documentate, e interessantissime. Ma chi vuoi che me le compri ? S'erano offerti due compratori Pancrazi e Civelli. Civelli sarebbe andato fino a L. 10000. Ho la lettera d'offerta; ma per mia disgrazia è morto. Fu lui che appena mi seppe guastato col Pancrazi, mi mandò a chiamare dall'Ing. Trevellini, ed allora in poi scrissi per lui una appendice giornaliera di due pie' di pagine, sempre romanzi, con uno stipendio fisso di L. 300 al mese. Ho durato così per 6 anni.

Delle *mie Memorie*, già scritte, mi sono molto

---

(1) *Olimpica*, sulla quale poi, nel 1887, l'Ademollo pubblicò un volume.

prevalso nei miei romanzi. Tu conosci la *Storia
di tre baci*, e colà vi sono, molto abbellite, le
mie avventure a Parigi. Nei *Carbonari del 1821*
vi è la storia della mia famiglia. In tre romanzi
autobiografici stampatisi a brevi intervalli sul
Corriere sono condensati i principali avvenimenti
della mia vita, i miei amori, etc. *Il Villaggio* è
la mia vita da ragazzo, e produsse a Montaione
e a S. Miniato uno scandalo di casa del diavolo,
perchè vi ho nominate le persone tutte col vero
nome e cognome. *La storia d'una rosa* è la mia
vita da studente, il mio matrimonio, le avventure ai Bagni di Lucca e a Roma come maestro
di lingua e di letteratura, e il mio viaggio in
Italia colla contessa di Brienne (baronessa di
Montbreton). Il *Padre e la figlia* è la mia storia
in carcere, a Marsiglia, a Londra. Ma molti estratti
delle mie memorie sono nella *Cella N. 13*, stampata di seguito all' *Assuntina del Ponte alle Grazie*
in bellissima edizione. E colla *Cella* feci un brutto
scherzo al mio antico carceriere..., La *Cella* fu
stampata nell' *Adige*, giornale che a Firenze nes·
suno riceve. Poi venne ristampata nel 3º volume
dell' *Assuntina*. L'antico carceriere informato che
quel racconto alludeva molto a lui, volle subito
intentarmi un processo di diffamazione, *more solito*. Ma questa volta rimase con un palmo di
naso. La prima edizione della *Cella* era uscita
già da tre mesi, cosicchè anche quando il processo fosse riuscito a qualcosa, l'azione penale
era prescritta. Mi dicono che egli ne facesse una
malattia. Mi rincresce che sia tuo amico; ma tu

capisci che io non potrò mai perdonargli cinque anni di vessazioni e di torture a punture di spillo. Sicchè dunque veggo poca probabilità di poter pubblicare le mie *Memorie*, me vivo. Bensì cercherò di fare un buon contratto prima di morire, ed allora la povera Giuseppina così piena d' annegazione e di amorevoli cure per me, avrà forse un pane che oggi mi riesce così penoso il procacciarmi (1).

Finisco per oggi il mio *Bavardage*, che, di certo, non è così divertente come quello di Strauss. Ha inacerbito il mio male fisico colla depressione anzi dirò addirittura coll' avvilimento morale. Dopo la tua, scoraggiante circa il Cecconi e l' Arcais, altre lettere presso a poco simili me ne sono giunte, una dietro l'altra, da Torino, da Ancona, da Genova, da Milano. Si direbbe, a leggerle, ch' io sia irremissibilmente condannato a morir di fame, ch' io sia messo al bando del fuoco e del pane, come certi delinquenti presso li antichi romani.

La tua cartolina d' oggi non mi conforta punto perchè ieri Capuana mi scrisse, rimandandomi *La Morte di Pietro Aretino*, e dicendomi che mi aveva rimandato *La moglie del Cantoniere* già da più di quindici giorni, mentre io non ho ricevuto nulla assolutamente. E non può esservi disvio postale, perchè qui sono sicuro dei postini. Eppoi, come si combinano le dichiarazioni dell'Avan-

---

(1) Il *Carteggio* e le *Memorie* del Montazio sono state vendute all' avv. C. Pancrazi in Roma.

zini con quelle del Capuana? *La moglie del Cantoniere* poteva stare benissimo colle Novelle del Verga, per nominarne uno, cosi orrende per lingua e per stile. Se vedi Avanzini parlagli in proposito, te ne scongiuro.

Non ho più coraggio di mandare articoli a nessuno... Camperò... non so come, ma, perdio, non darò ai miei nemici la soddisfazione di sapere che mi sono buttato in Arno, che ora corre furibondo sotto le mie finestre Io lo guardo, lo ammiro e gli dico : Arno mio, tu non mi seduci !... Preferirei morire d' una indigestione di tartufi.

Chi è la Contessa Lara? E presto detto: È una bella donnina, biondissima, seducentissima, che incomincia a diventare un po' grassoccina ; ma che è tuttavia capace di far girare la testa... Ha graziette irresistibili. La vedo spesso dal Landi (1) ove viene a correggere le bozze, ed ove spadroneggia da regina. A volte è vestita magnificamente, pare un figurino di Parigi, a volte va dimessa come una sartina...

Il Sommaruga ne rimase ammaliato appena la vide in Firenze ; le offrì 300 lire pei suoi versi, ella ne chiese 600, ed il *dottor Pertica* (2) gliele diede subito.

Hai visto il volumetto dei *versi?* È elegantissimo, civettuolo, come l' autrice, e talune poesie sono belline assai, sopratutto per la spontaneità

---

(1) Il direttore della tipografia dell' *Arte della stampa.*
(2) Pseudonimo del Sommaruga.

e per l' *allure cavalière*. La Contessa Lara è una specie di Lorenzo Stecchetti donna. Chi è ? Chi è ?... A domani se potrò. Mi sento assai poco bene... di testa e di tasca. Il tuo

ENRICO MONTAZIO.

(Filippo Orlando)

(Minuta (1))

Al S.r Ottavio Gigli, a Roma

Bologna 7 dicembre 1835.

Caro Gigli.

Io vi mandai con lettera alcuni miei versi consacrati a Bellini e Romani (2). Credendoli, per giudizio d' uomini valenti, non indegni della pubblica luce, vi espressi desiderio di vederli in qualche Giornale romano o napolitano, per essere io in qualche modo annunziato ad illustri città che dovranno giudicare de' miei esperimenti di poesia estemporanea. Vi parlai con molta lode

---

(1) La sera del 18 settembre del 1836 il poeta Regaldi fu assalito a tradimento presso Tivoli e lasciato in terra per morto. I malevoli attribuirono il fatto a gelosie di amanti ; ma invece, delle terribili legnate fu trovata l' origine nelle ire letterarie che tra gli arcadi si erano accese contro di lui. L' episodio è illustrato da questa lettera del Regaldi medesimo, da quella del Gigli, e dalle note diplomatiche che si leggono appresso.

(2) Furono pubblicati nella *Gazzetta Privilegiata di Bologna* del 12 nov. 1835, col titolo: *A' Geni della poesia e della musica drammatica Felice Romani e Vincenzo Bellini.*

---

di Romani, perchè la giustizia e l' amicizia per
me così suggerivano. Ne dissi però con modi
moderati da non ispiacere anco ad un onesto op-
positore. Vi assicuro con tutta sincerità d' animo
ch' io non sapeva essere stretto con voi in amicizia il ch.mo Ranalli, nè sapea che altro vostro
amico avesse pubblicata una biografia di Bellini
dedicata al Revmo Mons. Muzzarelli, ove si di-
cevano dure parole contro il Romani. A me erano
ignote siffatte cose, altrimenti non avrei ardito
ricorrere alla vostra cortesia per la pubblicazione
di quel canto. Mi sarebbe sembrata audacia il
volere direttamente parlarvi nella prima lettera
in lode di tal uomo che valenti vostri amici tro-
varono ragioni per non apprezzare. — Perdonate. — Io ardii nominarvi fra' miei amici, e non
aveva diritto alla vostra amicizia. La intrinse-
chezza vostra col bravissimo Genoves (1) mi fece
sperare che aveste gradito l' ardimento mio. Voi
non rispondeste a quella lettera. Desidero che
vi abbiano stretto serie occupazioni letterarie per
cui la povera mia persona sia stata nelle vostre
cure dimenticata. Se mai vi mosse indignazione
perchè lodai Romani, riflettete un po' attenta-
mente, e dovrete confessare che è opera onore-
vole anzi che odiosa l' encomiare quegli uomini
che recano lustro alla nostra Italia, benchè, per
mancanza di alcune doti, non siano presso alla
perfezione. Io sono fra quelli che cercan virtù,
opere generose per esaltarle, e non fra coloro che

---

(1) Tommaso, maestro di musica, amicissimo del Regaldi.

vanno frugando alle male opere per biasimare i nostri fratelli, ed umiliare sempre più la condizione umana. E qui mi tornarono in mente le parole di Addison che dice — Un vero critico deve arrestarsi più alle bellezze che alle imperfezioni di un' opera ; palesarne con candore le più nascoste grazie etc. — Monti, nel discorso ad Ennio Quirino Visconti ripeteva le parole di M.r Dryden, e diceva — signori critici in prosa perchè pescate le paglie che galleggiano sulla superficie, e non piuttosto i coralli che stanno nel fondo ? Perchè vi occupate nella minuta enumerazione di tutte le imperfezioni senza arrestarvi giammai alle bellezze ? Il giudicar senza spirito su convenevole materia è stupidezza; ma il giudicar con malizia è impertinenza ; come l' aver ricorso alla satira quando si manca di ragioni, è opera da uomo ignorante ed infame. –

Queste sono parole che ripeteva l' altissimo Monti, e per queste ragioni io lodo più che non isprezzo. Nè crediate ch' io non istimi coloro che scoprono le pecche in Romani. Toglietevi da questo abbaglio. Io riverisco Bettinelli benchè osasse maledire molti versi del sommo Alighieri ; e chi non apprezzerà Galileo ? Eppure è colui che si univa a molti per isfrondàre gli allori del Tasso.

Il Vostro silenzio mi fece tosto pensare che Voi eravate sdegnoso contro di me; e quando con lettere annunziaste al caro Genoves, che tre giovani amici del Chiariss° Mons. Muzzarelli sta-

vano per iscrivere tre articoli intorno a Zulma (1),
da stamparsi in Firenze, Roma, e Napoli, io tosto dissi al Maestro che sarebbero stati tre fla-
gelli per funestare i miei versi. Lessi un articolo
nel *Giornale di Commercio*, un altro nell' *Album,*
e mi attendeva il terzo. Ieri giunse all' amico
Francesco Aria, giunse una copia qual dono di
un' ignota cortese persona. Aria pareva ritroso
nel mostrare tale articolo; ma io stesso volli che
si leggesse nel pubblico Caffè dei Servi; oggi
farò il possibile perchè si legga in tutte parti,
e così sarà pago il desiderio di colui che ne fece
l' invio. Mi spiace che non siano i tre articoli
segnati dagli autori, ma celati sotto il velo di
una cifra. — Finchè si parla e si scrive contro
il mio Dramma, io risponderò essere giustizia.
Dite a Genoves che vi mostri le lettere ch' io
gli scrissi più volte intorno a questa mia prima
operetta drammatica. L' argomento non era di
mia elezione, epperciò non valeva a svegliarmi
alti concetti. Tutti que' discreti che hanno veduto
nelle pagine istoriche l' umiltà del tema, quindi
hanno osservato il modo ond' io tentai renderlo
interessante, tutti que' discreti non mi hanno di-
sprezzato. Io nella prefazione invocava compati-
mento, e non si deve negare a chi per la prima
volta muove nelle fatiche drammatiche. Dev'es-

---

(1) *Zulma,* parole del signor avvocato *Giuseppe Regaldi,*
musica del maestro signor *Tommaso Genoves* di Madrid.
Quest' opera fu data la prima volta ed applaudita nel
Teatro Comunale di Bologna la sera del 31 ottobre 1835.

sere uffizio dell'ottimo giornalista l'incoraggiare la gioventù e non vilipenderla. L'articolo del *Globo Aereostatico* avrebbe persuaso molti se il sig.ʳ Anonimo non avesse toccato con acerbe parole l'*Inno a Segato* e l'articolo di G. Pellegrini (1). Che volete! Siamo in tempi in cui trionfa talvolta un falso gusto in fatto di letteratura. Le lodi che mi dava Pellegrini erano l'eco dell'illustre Firenze che mi accolse con vero entusiasmo. Quell'Inno a Segato si è ristampato più volte e in Firenze, e a Milano, e in una Raccolta di scritti intorno a Girolamo Segato.

Ma perchè il Sigʳ Critico non pago di sgridarmi come poeta drammatico, mi sprezza eziandio come poeta estemporaneo ? Egli pose in ridicolo due soli giornali, ma se voleva combattere quanti letterati e quanti giornalisti mi diedero alte prove di affetto e di stima, doveva gridare contro tutti i giornali di Torino, Genova, Milano, Bologna, Parma, Firenze; anzi gli articoli ripetuti di Bologna e Milano, segnati da nomi illustri, dicono assai più che non l'articolo di Piacenza e quello del Pellegrini. Se io mi avvicinassi a quell'anonimo e gli mostrassi testimonianze di Manzoni, Niccolini, Pellico, Sgricci, vorrei persuadermi se parla in lui l'amore delle lettere, mortificando i meschini poetuzzi, oppure la malignità, la villania.

---

(1) L'Inno a Girolamo Segato era stato improvvisato in Firenze il 20 luglio del 1835, e l'avv. Giuseppe Pellegrini ne aveva scritto con entusiasmo pochi giorni dopo nel *Giornale di Commercio ed Industria*.

Chi scrisse gli accennati articoli non sarà stanco di straziare il mio nome; e forse se ne legge-ranno altri nei fogli di Roma, per cui mi pre-senterò nella vostra patria malamente prevenuto. È meglio. Roma e Napoli si attenderanno po-chissimo da me, e se farò qualche verso discreto farò più viva impressione. Però, non lo posso tacere, è cosa dura il presentarsi ad un pubblico che pieno della lettura di certi articoli, mi gua-terà come giovane orgoglioso che sprezza i clas-sici e che fa plauso ad un gusto falso nelle lettere. Non sono tanto folle da credermi degno delle tante feste che mi hanno fatte molte fra le più dotte città italiane. So che molte lodi sono mosse dalla cortesia; ma quegli stessi che m'esaltano mi scoprono pure le molte pecche delle mie poesie, però come padre a figlio, o fratello a fratello. Io sempre mai ho salutati come i miei più cari amici que' generosi che notano gli errori della mia vita poetica. — Desidero vivamente che gli estensori di quegli aspri giornali siano in buona fede; de-sidero che siano persuasi in loro cuore di aver fatto cosa utile alle lettere, perchè almeno sarò nella soave illusione che i Giornalisti romani non abbiano malignità.

Voi siete giovane e lo sono pur io; ma tocco nella vita qualche anno più di Voi. Sappiate perciò che l'abbondare in cortesia non è mai viltà; sappiate che è tristo rimorso per una persona bennata l'oltraggiare l'altrui fama; sappiate che l'altezza della mente non congiunta all'affettuosa gentilezza del cuore, è più dannosa che utile

alla società. Verrò a Roma ; bramo che Voi ed
i Vostri amici mi conosciate da vicino, e vedrete
che non sono l'essere tanto rozzo, tanto imme-
ritevole di nobili affetti... almeno per le doti del
cuore. Sì queste le vanto. Sono sincero amico,
desideroso dell'altrui gloria, dolentissimo pegli
oppressi, ed incapace d'insultare quelli che non
sono inutili nella Società.

Ah, caro Gigli, non rendiamoci ridicoli in faccia
agli stranieri, che scherzano sulla nostra divi-
sione fisica e morale ! In letteratura formiamo
una sola famiglia ; e i Romani non siano minori a' Lombardi per cortesia : mostriamoci degni
di questa nostra classica terra. Vivete felice :
crescete alla gloria della patria : riveritemi mons.
Muzzarelli ; e per la nobiltà del vostro ingegno,
per l'amicizia con Genoves, perchè appartenete
alla conversaz. di valenti letterati, io desidero
occasioni nelle quali possa mostrarmi con tutta
sincerità d'animo

Vostro dev^{mo} servo ed amico.

GIUSEPPE REGALDI.

(Filippo Orlando)

All'ornatissimo Signore,
Sig. Giuseppe Regaldi, Ravenna.

Caro. Regaldi

Genoves mi ha dato pochi momenti sono una
tua nella quale mille cose dici a mio riguardo.
A tutte voglio fare risposta. Il tuo Inno a Bel-

lini l' ho dato ad un mio amico perchè lo facesse istampare nel nostro *Spigolatore* diretto dal Sig. Jacopo Ferretti (1), ho fatte moltissime istanze perchè venisse pubblicato, e mi hanno promesso che il faranno tosto; se io non ho risposto a quella cortesissima tua colla quale mi mandavi il sud.° Inno, non fu per animosità ch' io avessi teco, o per altre cagioni, che tu vai supponendo, ma fu perchè ad ogni ora ti faceva partito da Bologna. I miei amici Romani non la vogliono punto teco perchè sei amico del *Romani*, l' hanno solo con questo che pieno di stolta arroganza vuole attribuirsi la gloria d'aver dato all'Italia un Bellini, e noi possiamo provargli ponendo a disamina i suoi Melodrammi che sono pieni di cose stranissime, fantastiche; e qual nome aveva egli prima che i suoi libretti fossero posti in musica dal Bellini, tutta la rinomanza che godette e gode in Italia a chi la deve egli? Ma appunto su questo, un mio lavoro, in risposta ad una sua lettera ingiuriosa alle arti nostre, gli farà conoscere che in Roma si sente ancora altamente; e che i nomi, quantunque siano avuti Idoli da molti, non ci distolgono dal farci parlare il vero. Mio è l'articolo dell' *Album* e non arrossisco nel dirlo, miei non sono e son pronto a provarlo con fatti quelli del *Commercio*, del *Globo* e neppure quello che porta il mio nome sul *Globo* N.° 17. Non so per quale equivoco ciò sia avvenuto, so bene, e

---

(1) Autore di parecchi melodrammi, per lo più semiserii.

posso affermarti *sul mio onore che non è mio*.
Non avendo ricevute che gentilezze da te non
poteva scrivere siffatte critiche sanguinose, e
l'animo mio poco conosciuto finora da te, non
è capace di simili vilezze. Monsignor Muzzarelli
è uomo schietto al pari di me, e ti fa sapere,
che se lascierai quella matta scuola che segui,
se alla nostra t'accosterai, vale a dire se ormerai
i veri Classici e quello spezialmente, le cui ceneri
puoi venerare, ti sarà sostegno nella tua venuta
fra noi; Biondi, Betti, e quanti professiamo lettere ti s'intrinsicheranno e ti faranno vedere
quanto queste, a chi degnamente le eserciti,
siano fonte di gentilezza, e d'amore. Se vuoi
ch'io faccia pubblica protesta che l'articolo del
Globo non sia mio il farò; vane, anzi vanissime
sarebbero le scuse, e le prove che potrei alle-
garti quando tu credessi fermamente ch'io fossi
autore di quello. Pensa su ciò credendo faresti
manifesto oltraggio al mio onore, avuto da me
più in pregio che la vita istessa, però su ciò
desidero riscontro sollecito. A scusarmi dal aver
detto di te quelle poche parole, nel mio articolo
dell'*Album* varrà la speranza ch'ebbi di farti
ravvedere. Il tuo ingegno potrebbe giunto a
studio indefesso su i Classici, innalzarti a grandi
speranze, e farti caro e desiderato a tutti. Le lodi
de' giornali sono caduche come le foglie, colla
differenza che queste ad ogni anno rinverdiscono,
e quelle appena nate muoiono. La vera lode
è quella che parte dagli uomini onorati in Italia
e fuori, le vere lodi da tenersene son quelle,

che partono dal cuore del Giordani, del Botta, del Costa, dell'Arici, e di quello Strocchi col quale ora, tu volendo, puoi usare. Tu a questo risponderai ho bisogno di lode de' giornalisti avendo a vivere di poesia estemporanea, — sarà nostro pensiero, se in Roma studiando te le meriterai, di far parlar di te uomini, che sono universalmente riveriti, e creduti : Monsignore in meno d'un mese può fare risuonare il tuo nome dall'Alpi al mare. Ma fa d'uopo meritarsele. Credi tu che Tasso, Ariosto venissero in fama, senza studio alcuno, o che sovente dovevano *noctes vigilare serenas?* Io mi ti do amico, col patto che studiando meriti d'esserlo, altrimenti saremo amici, ma di quelli che hai lasciato in Bologna, e in altre parti d'Italia, vale a dire, che appena ti sei da loro allontanato niun pensiero sarà più restato di te. L'amicizia mia inverso di te ti si mostrerà ad ogni occasione che tu vorrai, ed in qualunque tempo, gli amici moltissimi che ho a Napoli, Perugia, Bologna, Parma, Milano, se interrogati sul conto mio ti farebbero conoscere quanto gelosamente tenga in amore gli amici, e quanto m'ingegni d'aiutarli, e ne' loro bisogni sovvenirli. Sii certo che in me avrai un amico non della ventura, ma saldo e vero: questo ti basti. A mostrarti poi quanto io desideri il tuo bene basterà che ti dica che io vorrei avere la fama di quel Caluso che dischiuse ad Alfieri il vero bello, di cui poi andò si perduto, e tu quell'Alfieri che vivrà eterno, quanto il nome Italiano. Amami se il puoi, se l'animo tuo scevro dal qualche ruggine che ha meco può farlo, abbiti un bacio d'amicizia, e non ti dar pensiero di ristorare la tua fama in Napoli e in Roma, che *studiando* ed amando

Di Roma 15 Xbre 1835.

Il tuissimo
OTTAVIO GIGLI.

(Filippo Orlando)

1. — Nota della Regia Legazione di Sardegna all'E.mo Card. Seg.rio di Stato di S.S.

Roma 31 Gennaio 1837.

Nel riscontrare il Biglietto confidenziale di V. Emza Rma delli 17 ultimo Xbre, con cui Ella si compiaceva di trasmettermi una lettera di Monsig. Vescovo di Tivoli, relativa al proditorio e barbaro attentato seguito in quella Città contro la persona dell'Egregio Avvocato Regaldi, mi pregiavo di significarle che non essendo allora in mia facoltà di passare a transazione in proposito, mi ero fatto premura di richiedere al mio Reale Governo le necessarie istruzioni.

Mi viene ora in risposta partecipato che S. M. degnossi di rimettere pienamente in mio giudizio l'ulteriore andamento di questa disgustosa pratica; e si è pertanto che, in vista altresì del perdono generosamente accordato dall'Avv.to Regardi a' suoi aggressori sin dal momento che se ne intentò dalla pubblica giustizia il legale processo, mi astengo dall'avanzare nuove istanze, dichiarandomi soddisfatto di quanto fu sinora operato a tale oggetto, siccome potrà Ella rilevare dalla mia lettera responsiva pel sullodato M. Vescovo di Tivoli qui annessa per copia.

Nella fiducia che in detto processo sia evidentemente constato che il Sig. Avv.^to Regaldi *non abbia per nulla provocato quell' atroce e brutale trattamento a suo riguardo*, e che anzi la di lui condotta e contegno a Tivoli siano stati, siccome dappertutto ne' suoi viaggj, quali si addicono ad un ottimo e virtuoso Cittadino, ho l'onore, etc.

firmato M. CROSA (1).

---

2. — Copia della citata Lettera a Monsig. Vescovo di Tivoli
in data 1.0 Febbraio 1837.

Con sua pregma lettera dei 14 Xbre 1836 Ella esercitò degnamente il pastoral suo ministero a favore di varj individui creduti colpevoli del barbaro attentato commesso sulla persona del Sig. Avv.^to Regaldi Piemontese nella sera dei 18 7bre ultimo scorso, Ella offerivasi d'indurre i med.^i individui a costituirsi attivamente in carcere nel forte S. Angelo, impetrando pei medesimi un generoso condono dalla Maestà del Re mio Signore, che giustamente reclamava una solenne ed esemplare punizione di quel delitto commesso negli Stati Pontificj a danno di un suo Suddito, la cui egregia condotta non aveva menomamente provocato quel proditorio assassinio.

---

(1) Ministro del Re di Sardegna.

Io mi adoprai con tutto l'impegno onde conseguire l'intento dalla offesa giustizia del mio Augusto Sovrano, mentre d'altronde già mi risultava abbastanza del perdono sincero, ed amplissimo privatamente espressomi dal virtuoso Regaldi fin dai primi momenti del fatto, mentre egli gemeva oppresso dalle sue ferite, e ancora in forse della vita medesima.

Mi pervenne ora la desiderata risposta con cui S. M. si è degnata di rimettere totalmente a mio giudizio la definizione di questo disgustoso affare, essendo trascorso omai lungo tempo senza che le Autorità Pontificie siano riuscite a discoprire i colpevoli (malgrado i gravissimi indizj e la pubblica voce che altamente li accusano); e d'altronde riflettendo io che in un processo criminale gl'interessi dell'individuo offeso sempre sono subordinati agl'interessi delle leggi conculcate, e della società oltraggiata, sempre affidate all'alta vigilanza dell'Autorità Governativa, nel cui territorio fu commesso il delitto di cui si tratta; quindi per parte mia ho rinunziato in nome del Re mio Signore ad ogni ulterior mia istanza a detto riguardo.

Nel decorso di questo processo pervenne altresì a mia notizia stragiudizialmente col mezzo di rispettabili soggetti, quali sono il Cav: Bischi ed il Duca di Corchiano, che li suddetti individui gravemente sospetti onde redimersi dalle probabili incriminazioni del fisco erano pronti a sborsare una egregia somma a titolo di legal rifazione di danni e spese verso l'Avv.to Regaldi, e quindi attualmente ho risaputo che già una qualche somma siasi confidenzialmente depositata presso S. E. Rma Monsig. Capaccini, Sostituto della Pontificia Segria di Stato a tale oggetto. Per conseguenza interpretando io i nobili sentimenti dell'Avv.to Regaldi, mi pregio di rimettere tosto a di Lei disposizione, Monsig. veneratissimo, questo medesimo danaro, pregando la E. V. R.ma di volerlo convertire ed erogare in quegli usi più che stimerà Ella più opportuni a beneficio dei poveri fra suoi diocesani.

Aderendo Ella, siccome oso sperare, a questa mia preghiera, riceverà immediatamente dal prelodato Monsig. Capaccini la somma di cui sopra, della quale mi farà grazia di favorirmi contemporaneamente una sua quietanza e dichiarazione dell'uso pio summentovato, onde farne risultare presso il mio Governo, e presso il medesimo Avv.to Regaldi.

Sarà in tal modo dal canto nostro assolutamente terminato questo affare nella fiducia in cui vivo che il mio contegno abbia incontrata la piena soddisfazione delle Autorità Pontificie, e dello zelante Pastore, a cui mi pregio di attestare, etc.

firmato M. Crosa.

---

3. — Risposta dell'Emo Segrio di Stato in data delli 8 febbraio 1837 alla dicontro Nota della Regia Legazione di Sardegna.

A riscontro della Nota confidenziale di V. E. dei 31 Gennajo, debbo esprimerle essermi stata molto grata la dichiarazione in quella contenuta di astenersi dall' avanzare nuove istanze intorno l' affare dell'Avvocato Regaldi, e di essere stata soddisfatta di quanto è stato finora operato, acciò fosse resa giustizia al medesimo.

Con piacere rendo testimonianza al Sig. Avv.to Regaldi non solo di non aver' egli per nulla provocato le violenze che furono contro di lui usate, ma ben anche di non aver mai dato occasione colla sua condotta tanto politica che morale a giudicare men favorevolmente del di lui carattere, essendosi anzi condotto in guisa da godere la stima delle oneste persone per essere reputato uomo onorato e dabbene.

Non dubitando che questa mia testimonianza a favore del Regaldi sia per soddisfare i di Lei desiderj, Le rinnovo i sensi della mia distinta considerazione.

Per l' Emo Segrio di Stato
(firmato) F. Capaccini *Sostituto.*

---

4. — Copia della risposta di Monsig. Vesc. di Tivoli in data 15 febbr. 1837.

Consolato rimango, ed insieme di viva riconoscenza penetrato per il gratissimo Dispaccio dell' E. V. direttomi in data del 1.º di questo mese. Felice per me risultato ottenne la mediazione dell'E. V. alla quale osai di eccitarla, e che si compiacque assumere presso l'Augusto suo Sovrano, giacchè l' ottenuto generoso condono alli Individui di questa Città, creduti colpevoli dell' attentato commesso la sera del 18 7bre 1836 sulla persona del Sig. Avv.^{to} Regaldi Piemontese, ridona la perduta tranquillità a varie di queste famiglie, e sopisce li conceputi livori di private discordie. Mentre perciò cessano con simile beneficenza le pastorali mie agitazioni, mi riconosco singolarmente tenuto alla deferenza e stima che l' E. V. ha per me nudrita, ed alla liberalità dell' ottimo suo Sovrano; quindi è che nel presentargli li vivi miei ringraziamenti, e nell' augurargli dal Cielo ogni benedizione, l'assicuro che indelebile rimarrà nel mio spirito la memoria e del suo impegno, e della Sovrana beneficenza.

Nella lusinga di compiere di giorno in giorno alla seconda parte del riferito suo dispaccio, ho dilazionato sino ad ora il riscontro per darlo completo; ma vedendo che neppure coll' ordinario di questa mattina mi giunge, come l' E. V. mi additava, da parte di Monsig. Capaccini il pacco di danaro, ho creduto di non ritardare ulteriormente la manifestazione de' miei sinceri officj, ed il rispetto dovuto all'Augusto S. Sovrano. Se nel tratto successivo mi giungerà il pacco, ne farò la distribuzione come mi ordina, e sarò a comunicarlene pronto ragguaglio. — Intanto La prego di far conoscere al Suo Sovrano la sincerità delli miei rispettosi e riconoscenti sentimenti invariabili pure verso l' E. V. e di credermi, etc. etc.

5. — Altra risposta di Monsig. Vescovo di Tivoli
in data dei 19 Febbrajo 1837.

Insieme al grato Dispaccio dell'E. V. in data di jeri mi giungono questa mattina per mezzo dell'Ill.mo Sig. Cav. Bischi li scudi quaranta ch'Ella si era compiaciuta ritirare da Monsig. Capaccini, quali vado a distribuire fra li poveri di questa Città, includendovi singolarmente li Religiosi Cappuccini di nazione piemontese, che qui di recente hanno riaperto il da prima devastato loro Convento e Chiesa. Avrà certamente l'E. V. il merito e le benedizioni delli caritatevoli sovvenuti, e da mio canto sarò riconoscente di essersi prevalso della mia destra paterna a beneficarli.

Conforme poi agli esternatimi convenienti desiderj e richieste in *triplo distinto esemplare*, qui annessa presento la relativa quietanza delli menzionati scudi quaranta, ed esibendomi di contestare anche in fatto all'E. V. la gratitudine, con distinta stima ed ossequio mi rassegno.

Copia della suddetta Quietanza.

Ricevo io infrascritto Vescovo di questa Città da Sua Ecc.za il Sig. Marchese Crosa di Vergagni, Inviato Straordinario e Ministro Plenipotenziario presso la S. Sede, per le mani dell'Illmo Sig. Cav. Settimio Bischi scudi quaranta moneta, ritirati dall'Illmo e R.mo Monsig. Francesco Capaccini Sostituto della Segr.ia di Stato, quali a norma del direttomi dispaccio della lodata Ecc.za Sua in data del 1.º di questo mese, vado a di-

stribuire ai poveri di questa Città. In fede —
Dall'Episcopio di Tivoli li 19 febbrajo 1837.

(firmato) FRANCESCO *Vescovo di Tivoli.*

---

6. — Articolo di Dispaccio del Primo Segretario di Stato di S. M. Sarda
al Signor Marchese Crosa di Vergagni.

Torino li 26 febbraio 1837.

Ho ricevuto il preg.mo foglio di V. S. Ill.ma
N. 4136, ed ho rilevato dalle carte annessevi il
modo in cui terminò il disgustoso affare del
Regio suddito Sig. Avv. Regaldi. Io approvo
ben volentieri ciò ch'Ella ha creduto dover fare
a questo riguardo, ed avendo la Sig.ria V. Ill.ma
usata la saggia avvertenza di far risultare di
non avere il Sig. Avvocato Regaldi per nulla
provocato l'atroce trattamento usatogli, e del
perdono da lui dato agl'ingiusti suoi aggressori.
Il Governo Pontificio andrà sempre più persuaso,
che se quello di S. M. rinunciò al diritto che
gli competeva di far subire la dovuta pena ai
delinquenti verso un R. Suddito, non ebbe altro
in mira che di secondare le vive premure che
gli vennero fatte, e saprà perciò apprezzare la
moderazione da noi usata in questa circostanza.

(firmato) SOLARO DELLA MARGARITA.

(*Filippo Orlando*)

Al Chiarissimo Signore,
Il Sig. Avv. Andrea Pizzoli
(Via di *Sarzana*) Bologna.

Chiarissimo mio Signore.

Tornato, giorni fa, da Venezia, trovai qui il
Suo Discorso a difesa del Giangrandi, che mi

stava aspettando. Io La ringrazio del piacere che
mi ha procacciato, facendomi leggere una così
grave ed elegante scrittura. Essa è tanto più da
pregiarsi, che noi pur troppo in materia di eleganza giudiciale stiamo male, ma male assai.
Uno, che volesse, come il Burger, fare un' antologia italiana di eloquenza forense, credo che
si troverebbe impacciato come va. Tanto è più
da pregarsi che si moltiplichino i discorsi dotti
ed eloquenti sì come è il Suo; è vero che con
ciò si verrebbero a multiplicare i fatti crudeli o
pietosi; ma poichè questi, pur troppo! non si
possono impedire, deh! non manchi almeno al-
l'inquisito chi lo salvi dal ceppo con la bontà
dello stile e delle pruove. Ricuperai qua molti
numeri del *Felsineo*, che Ella seguita a rega-
larmi, dico *molti*, perchè la serie si è qua e là
interrotta, non so se per colpa di Bologna o di
Torino; ma temo che sia stata quest'ultima; il
che non ho ribrezzo di dire ora che, lodato il
cielo, l'età delle violenze e dei soprusi pare
che sia finita. Oh! mio caro e stimatiss.^{mo} Sig.
Avvocato, se Ella fosse stata qui mercoledì mattina; sono certo che avrebbe lagrimato con
me di tenerezza. Immagini un mille bandiere
seriche, con la croce di Savoia, che sventolavano
innanzi, da lato, e dietro al Re, che partiva per
Genova; immagini il Re, che senza la solita
scorta dei carabinieri, ma solo seguito da' figli
e dal suo stato Maggiore, procedeva lentamente
in mezzo al suo popolo tutto baccante di gioia.
Immagini tutta Torino versatasi sulla piazza di

Po per salutare coi viva e coi canti il Principe
riformatore, ed Ella si sarà a pena fatta una lan-
guida idea di quel commovente spettacolo. Il
giorno appresso (onomastico del Re) io dovèa
inaugurare gli studi nella Università, nè poteva
tacere di sì splendida festa, nè di ciò che le
avea dato cagione. Il discorso era finito, ma io
all' esordio appiccai una coda, la quale non Le
posso dire l' effetto che produsse; nè minore ne
cagionò la chiusa della mia orazione, dove toc-
cai di Pio IX; era presente Monsig^r Corboli, il
quale fu salutato dall' udienza numerosissima col
grido italiano di *Viva Pio IX*. Ella può regi-
strare queste cose nel suo Giornale, tacendo
però la fonte onde le trasse, accertandola però
che questa fonte è purissima. Nell' unito foglietto (1) Le riscrivo que' due pezzi, de' quali
farà l' uso che stimerà migliore; mi basta che
in questo invio Ella abbia una novella prova
dell' interesse che m'ispira il Suo eccellente giornale. Eccole un' altra nuova di cui Le garantisco
l' autenticità. Nel Seminario di Treviso si usa
ogni anno chiuder gli studi con un' accademia
letteraria, scritta dal professor di retorica; il tema
di quest' anno era Pio IX; tanto bastò perchè
il Delegato della Provincia, Cavaliere di S. Gregorio, intimasse al vescovo di sospenderla; e il
Vescovo docilmente obbedì. Così non fece il
nuovo Arcivescovo di Udine, che esortato da
quel delegato (altro Cavaliere Gregoriano) perchè

---

(1) È riprodotto qui dopo la lettera.

eccitasse il popolo a desistere da quel suo eccessivo ardor per il Papa, rispose che egli nelle sue Prediche usò sempre di prender le inspirazioni dal Cielo e i temi da nessuno. Saprà già la diplomazia del Presidente del Congresso di Venezia di scrivere a Roma per il gradimento della città di Bologna in tempo che ne giungesse la risposta dopo la chiusa del Congresso medesimo; e così accadde; si temè, che annunziando agli scienziati nella seduta generale la città di Bologna pel 1849, e profferendosi il nome del Papa, il Palazzo Ducale dovesse cader dagli applausi. Non ho più carta, ma avrò sempre cuore da dichiararmi

Il suo o. aff° Servo ed Amico

P. A. PARAVIA.

Torino 6 9bre 1847.

P. S. Senta questa. Mons° Fransoni, nostro Arcivescovo, retrogrado in supremo grado, proibì ai rettori delle chiese, che s'incontrano sul passaggio del Re, di suonar le campane. Il Curato di Moncalieri non volea quindi toccarle; ma il Sindaco gliele fece suonare di forza. Anche i Barnabiti, che hanno colà un fiorito Collegio, fecero suonare a festa le loro, e scesero dal colle con tutti gli allievi per rendere al Principe riformatore l'omaggio della lor devozione. Se mi scrive, metta nella soprascritta: *Via di Sarzana - Torino*; così le nostre lettere non vengono sotto gli artigli dell'Austria. La torno a pregare di tacere il mio nome. Non è vero che le nostre lettere schivino gli artigli austriaci; bisogna adunque mandarle ad un amico Toscano, perchè le possiamo avere intatte; così fo io, mandando la presente all' Avv. Salvagnoli.

Il vecchio esordio parlava di « quella tacita « e spontanea lode, che a Carlo Alberto rende « ogni buon Piemontese, e dalla quale non sarà « mai che si cessi, sin che egli non cesserà di « promuovere colla saviezza del consiglio e colla « potenza dell' opera quel nazionale sentimento, « fuori del quale ogni idea di prosperità, di grandezza, di gloria altro non è che insidioso sofisma, o manifesta menzogna ».

Or ecco la coda che ci ho appiccata :

« Ma a che parlare di menzogne e sofismi, « quando ci splende dinanzi agli occhi la realtà « consolante de' fatti? Sì. o Piemontesi; quel « giorno, che fu preceduto da tante speranze, « preparato da tanti consigli, affrettato da tanti « voti; quel giorno, che dovea porre il suggello « alla gloria di Carlo Alberto e alla felicità del « Piemonte; quel caro, quel lieto, quel memorabile giorno è finalmente spuntato. Oh! chi « di noi non vide jeri quella infinita onda di « popolo, che si accalcava impaziente e devota « sulle orme del nostro Re, che da noi partendo, « fra noi restava cogli immortali suoi beneficii? « chi non s' affisò a que' numerosi stendardi, che « imporporavan l' aere di sì vivaci colori, tra cui « brillava la croce bianca di Savoia, quella croce. « che sebbene educata ai trionfi, niuno ne vide

« mai più solenne e puro di questo? Chi non
« lagrimò di tenerezza all'udire quel cantico
« nazionale, che sgorgato dall'anima del poeta
« e di musicali note vestito, risonò su mille labbri,
« echeggiò in mille cuori? Ecco, ecco il vero
« elogio dei Re, quale da eloquenza di cattedra
« non sarà mai che si formi, ma quale dalla
« sola riconoscenza di un popolo esser può pro-
« ferito. Ringraziamo adunque il Dio dell'Italia,
« che ne ha riserbati alla letizia di questo giorno,
« allo splendore di questa festa; e voi, o gio-
« vani piemontesi, senza la cui presenza giorno
« non è che sia bello, non festa che sia com-
« piuta; oh! se la mia povera voce trovò mai
« grazia ne' vostri cuori, siate fedeli a quei gene-
« rosi sentimenti, che furono da voi in modo
« così spontaneo e solenne manifestati; siate
« fedeli a quel trono, da cui piove su tutti noi
« la copia di sì inestimabili beneficii; siate fe-
« deli con quella nappa piemontese, che fregia
« con innocente orgoglio i vostri vergini petti,
« che non senza cagione piglia l'azzurro color
« di quel cielo, che solo può spiare le nobili
« imprese e solo può benedirle ».

La chiusa dell'orazione fu questa:

. Io raccomandava la riverenza e l'amore per
la poesia, sì come la sola che vale a tener sempre desto in noi « quel mistico fuoco.... da cui
« potremo pigliare, nuovi Prometei, quella mi-
« racolosa scintilla; che ben sa al maggior uopo
« prorompere in vampe ed incendj. A certifi-
« carci della qual verità, conduciamoci col pen-

« siero a quella Roma a cui da oltre un anno
« sono usi a rivolgersi i nostri cuori ; a quella
« Roma, le cui Arcadie, le cui sampogne, i cui
« boschi, ci erano, pur non ha guari, cagione di
« un innocente sorriso. Ma bastò che sulla se-
« dia di Pietro si collocasse un Uomo, che altri
« direbbe degno di migliori tempi, ma che io,
« a tutta sua lode, dirò degno de' nostri ; bastò
« che a reggere il più famoso popolo della terra
« sorgesse un Pontefice, che tutte ha le virtù
« del suo grado e le idee del suo secolo ; bastò
« insomma, che il Nono Pio chiamasse la sua
« Roma ad occupare quel luogo, che Dio le
« apparecchiò ab eterno ; perchè la poetica Roma
« rispondesse sollecita a quella inattesa chia-
« mata, è perchè con rapidità che tien del pro-
« digio, toccasse quasi il confine di quella via
« civiltà e di progresso, che noi, auspice Carlo
« Alberto, andiamo già da più anni correndo,
« e fuori della quale non v' è dignità pei go-
« verni, nè salute pei popoli. »

A Gino Capponi, Firenze.

Milano 9 Aprile 1841.

Ho ringraziato Vieusseux, come ringrazio Voi
d'avermi accordato un posto nel bello ed utile
progetto che state per eseguire. Ajuti non ve ne
potrò dare, perchè vi vorrebbe per questo più
erudizione, e maggior conoscenza che non ho,
delle cose esistenti negli archivi e nelle biblio-

teche. Ma potrà sempre profittare delle fatiche altrui, e volendomi Voi un po' di bene, come so mi volete, non avrete discaro ch' io mi riserbi questa comoda e piacevol parte.

Vi son grato di ciò che gentilmente mi dite sul mio lavoro, ma senza volerlo mi fate una gran paura. Quelli che hanno la bontà di desiderare il mio libro, se pur ve ne sono, che cosa diranno poi quando l' abbian letto? Qui sta l' importante. Comunque abbia ad andare la cosa, m' è carissima e sempre mi sarà la benevolenza che è nelle vostre parole. Non credo che la stampa sarà finita sino in Luglio. Al cominciar dell' inverno il manoscritto era all' ordine, ma gli editori e proprietari hanno tardato per loro particolari motivi ad incominciar l' edizione sino agli ultimi di Marzo.

Le parrucche dei miei gentiluomini son la Dio grazia finite, e ne ho una vera indigestione avendo dovuto, l' una dopo l' altra, far due battaglie grandi dell'epoca prima metà del secolo 18°. Pensate che diletto passar una mattina a far un centinaio di codini? Pure son fatti, che Dio ne sia lodato, e non ci s' ha più a pensare. Mia moglie Vi prega vi ricordiate di essa, ed io Vi prego a esser persuaso che tra le cose a me più care e delle quali fo maggiore stima pongo la Vostra amicizia.

Aff° Massimo Azeglio.

Al Preg. Signore,
Signor Vieusseux, Gab. Letterario, Firenze.

Carmo Amico

Non ho consegnata a Stella la copia del mio lavoro che Vi prego gradire; ma, assicurato dai miei editori che essi fanno una spedizione per Firenze assai celere, l'ho data a loro. Abuso forte della Vostra gentilezza dirigendovi insieme alcune copie che destino ad alcuni amici di costì, e pregandovi di recapitarle. Spero tuttavia che vorrete sopportar pazientemente questa noja per amor mio, e perdonarmela.

Il povero Manzoni è in un momento di gravissime tribolazioni: in poco più d'un mese ha perduto una figlia di 26 anni maritata di poco, e sua madre che morì giorni sono di 79 anni dopo una malattia di 15 giorni.

Noi ce la passiamo assai bene se non moralmente, fisicamente almeno. Mia Moglie vi prega di non dimenticarla. Domani partiamo per la riviera di Genova ove andiamo a far i bagni di mare, per mia figlia principalmente. Vorrei potervi dire che di là tireremo innanzi per Firenze, vorrei potermi invitare a prendere il caffè con Voi sulla loggia alle 7 della mattina, ma per quest'anno il nostro viaggio è tutto prosaico e non posso andarvi a trovare se non col cuore e col desiderio. Se Vi facessi in persona tutte le visite che Vi fo a questo modo, poveretto voi!

Vi prego di tanti saluti a Gino, Mayer, Repetti (1) e tutti gli amici. Non vi do nuove di Mi-

(1) Emmanuele, l'autore del reputato *Dizionario geografico, fisico, storico, della Toscana.*

lano per l' ottima ragione che non ve sono. Quelle
che v' erano, ve l' ho date ed eran poco liete.
Cantù sta bene e lavora, così sia.

Vogliatemi bene e addio.

MASSIMO AZEGLIO.

Milano 14 Luglio 1841.

A Gian Pietro Vieusseux, Firenze.

Car.mo Amico. Vi ringrazio d' aver pensato a
me per la vostra intrapresa, e per valervi del mio
nome non era necessario di scrivermene prima, che
sarò sempre felice ed onorato di cooperare in
qualche modo a tuttociò che Voi e Gino, ed i
Vostri amici, avrete in animo d' intraprendere.

Mi vado ingegnando di mettervi insieme qualche
nome che non v' abbia a dispiacere. Manzoni e
Grossi sono già firmati. Ieri combinammo con Pom-
peo Litta (1) che s' incarichi di far firmare Piola
il matematico, ed il Co. Castiglioni (2). Vedrò poi
se posso trovarne altri, e farò in modo per la
fine del mese di mandarvi la lista.

Tra qualche mese uscirà il mio lavoro (3), che
si sta stampando. Vorrei che l' aveste subito;
con qual mezzo debbo mandarvelo onde vi giunga
senza troppa spesa?

Mia moglie Vi ringrazia della Vostra cortese

---

(1) Lo storico delle *Famiglie celebri italiane*.
(2) Il conte Ottavio, filologo ed archeologo, morto nel 1849.
(3) *Niccolò de' Lapi.*

memoria, mia figlia sta bene. Tante cose a Mayer,
Repetti e gli amici, e speriamo rivederci presto.

                                   Tutto V° MASSIMO AZEGLIO.

Milano 9 Agosto 1841.

Monsieur, M.r Vieusseux
Cabinet Littéraire, Place S. Trinita, Florence.

Car.mo Amico

Il Sig. Ab.te Agnelli, giovane che coll'istruzione e coi talenti onora il suo stato, va a Firenze desiderando conoscere più che altro gli
uomini distinti della città. Casa Vostra è il luogo
ove può vederli tutti riuniti, a Voi dunque lo
dirigo, e ve lo raccomando come persona amica
e degna della Vostra premura.

                                   Tutto Vostro MASSIMO AZEGLIO.

Milano 31 Agosto 1841.

Al Preg.mo Signore, Sig. Vieusseux
Gabinetto Letterario P.a S. Trinita, Firenze.

Amico Car.mo,

Mi sono arbitrato di dare una lettera per Voi
ad una persona alla quale ho qualche obbliga-
zione, e che va a Firenze per pochi giorni. Questa persona è nientemeno che un prete: ma
prete istrutto, d'ingegno, e dabbene, ciò che
vuol dire all'incirca una rarità. Desidero che
egli non Vi cagioni verun disturbo: soltanto se
vorrete aprirgli la Vostra porta le sere dei giovedì potrà trovarsi colle persone notabili della
città, ed è tutto quanto desidera. Spero che que-

sta presentazione non abbia a riuscirvi fastidiosa ; se lo fosse, pur un poco soffritelo per amor mio, e perdonatemi. Il suo nome è l'ab. Agnelli, come vedrete dalla lettera che vi presenterà.

L'invidio assai d'andare a Firenze; ma tutti gli anni non si può. Me ne starò invece sul lago di Como, ove ho comprato una villetta in luogo amenissimo, alla quale sto dando sesto, e che è una specie dell'*Hoc erat in votis* d'Orazio. Dopo aver lavorato a sbarbare, tagliar alberi ed arbusti che troppo ingombrano il giardino, e tolgono la vista del lago, quando le mani mi dolevan ben bene, son venuto a scrivervi per riposarmi : ora par che non dolgano più e ritorno a far legna. Mi persuado quasi che la vera vocazione dell'uomo sia lavorar la terra.

Salutatemi Capponi, Mayer, Repetti e tutti gli amici; mia moglie vi saluta; parlate di noi qualche volta e vogliateci bene.

MASSIMO AZEGLIO.

Loveno 3 Sett. 1841.

La mia direzione è sempre *Milano* : e non immaginate che questa sia una frase suggestiva per domandarvi una risposta : avete abbastanza affari, e non avete a perder tempo per me. Aspetto con gran desiderio la Vostra pubblicazione.

(Risposta alla precedente. — Minuta).

A Massimo d'Azeglio.

Sig. March. Massimo d'Azeglio

Firenze 7 7bre 1841.

Amico Carissimo. Ricevo questa mattina la Vostra del dì 3 dalla quale rilevo con sorpresa

---

e dispiacere che ancora non avevate ricevuta la mia del dì 21 Agosto di tre pagine pienissime, a Voi scritta appena ch' io ebbi ricevuto e letto il Vostro libro, e sotto l' impressione di quella lettura. Detta mia fu diretta come la presente a Milano; fatene fare ricerca, ve ne prego; molto mi contrarierebbe il sentirla perduta; io Vi diceva del lungo ritardo del Vostro invio, dell' esecuzione delle Vostre commissioni, del diletto provato alla lettura del *Niccolò de' Lapi* — ora mi dispiacerebbe immensamente che aveste potuto credermi tanto trascurato, per dire altro, da starmene sino al giorno d' oggi senza rispondere a due care Vostre, e senza ringraziarvi per la buona memoria che conservate di me. Di grazia vedete di recuperare la suddetta mia, e di tranquillarmi quanto prima a questo riguardo. Oppresso come sono presentemente dalle occupazioni, non ho il tempo di ricominciare la mia chiacchierata, ed è forse meglio daltronde pel mio amor proprio di non ripetere un giudizio letterario pel quale mi manca l'autorità. Mi limiterò a dirvi che il Vostro romanzo va acquistando un'immensa popolarità; e credo che già avrete avuto da' comuni amici molti sinceri rallegri.

Venghiamo all' Ab. Agnelli — Egli siatene certo, sarà da me accolto con tutta cordialità, e la distinzione dovuta; e l' istessa accoglienza farò sempre a quelle persone le quali colle notizie di Vostra salute, mi recheranno una Vostra raccomandazione. — Giovedì p. p. eravamo 64 nel mio salone; dal dì 10 in poi ogni sera.

Il Sig. Agnelli potrà prendere un *avant goût* del Congresso (1).

Caro amico, ho gran paura che i Napoletani non verranno, e così quei di Modena — il divieto non è assoluto, anzi non esiste; ma si fa guerra sorda e si adoprano mezzi d'intimidanza da una parte, mentre dall'altra vi è mancanza di coraggio civile. Cosa direbbe il buon Lambert se vedesse tanta vigliaccheria. Oh! se potessi andare a sbarbare e tagliare con Voi alberi ed arbusti nella deliziosa campagna di Loveno quanto avrei da dirvi.

In questo momento torna Mayer da Gavinana; egli Vi saluta — i Vos. 4 volumi sono stati i suoi compagni di viaggio.

VIEUSSEUX.

Al Preg.mo Signore. Sig. Vieusseux
al Gab. Letterario, P.a S. Trinita, Firenze.

Car.mo Amico

Devo confessarmi d'una sbadataggine. L'ultimo giorno che passai a Milano, richiesto dalla commendatizia per l'Ab. Agnelli la scrissi in fretta, e partii. Giunto qui credetti bene di scrivervi per prevenirvi dell'arrivo del raccomandato, ed anche allora lo feci in fretta ed in un momento ove avea il capo preoccupato d'altri pensieri, per la qual cosa non accusai ricevuta della Vostra, che ebbi a suo tempo, e sulla quale po-

---

(1) Il terzo Congresso degli scienziati italiani che ebbe luogo in Firenze nel settembre del 1841.

tete star tranquillo. M' è però nato il dubbio
d'avervi risposto da Milano, ma è solo dubbio.
Comunque sia se v' è stato errore per parte mia
perdonatemelo. Ho avuto una lettera di Gino
Capponi e non posso dirvi quanto gran piacere
m'abbia fatto il modo amorevole e cortese col
quale mi parla del mio lavoro. Gli ho scritto
per ringraziarlo, e spero la lettera gli giungerà.

Siccome credo, che, se Dio mi dà vita, farò
ancora qualche cosa nel genere del *Niccolò*,
avrei un desiderio che appena ardisco palesarvi
parendomi essere indiscreto. Se potessi sapere
quali critiche (parlo di quelle che sono fondate
sulle ragioni, e chiaramente determinate) si fanno
al mio libro ciò mi servirebbe assai di norma,
e di scuola per l'avvenire. Ma per saperle bisognerebbe che mi si dicessero, e ciò non lo
può fare se non un amico sincero e che pensi
al mio vero vantaggio. Io spero che vogliate
esser quello. — Non vi spaventate! Con vostro
comodo, tra sei mesi, un anno, quando vorrete
scrivete su un fogliolino quel che hanno giudi-
cato di me le persone che hanno dritto a giu-
care. Ben inteso che domando le sole critiche,
chè non vorrei che aveste a immaginare che fo
anch'io come tanti altri i quali domandano cri-
tica per aver lode. Di lode m'avete data la mia
parte, ed anche di più, onde fo quietanza, per
saldo, e mi chiamo contento e soddisfatto.

Magari poteste venire a Loveno ad aiutarmi
nel mio giardino, ma è lo stesso come volessi
volare. È più facile che un giorno o l'altro ca-

piti io sulla V.ª Loggia, a chiedervi il caffè. Ho
veduto Montanelli (1) giorni sono sul vapore del
lago di Como, ed è stata un'apparizione vera,
che m'ha però ridestati più che mai i pensieri
e la memoria di Firenze. Salutatemi gli amici
e vogliatemi bene.

Mia moglie vi saluta e bene così mia figlia.

aff.º AZEGLIO.

Loveno 15 Settembre 41.

A G. P. Vieusseux, Firenze.

Car.ᵐᵒ Amico. Il Sig. Geofroy è stato per mille
motivi il benvenuto e tra gli altri per essermi
raccomandato da Voi. Siamo già diventati amici,
e messici alla bisogna. V'annunzio però che
Rossi (2) ha virato di bordo come un brick inglese, in un lampo. Ha ricevuto dispacci di Gui-
zot onde parlasse in favore delle riforme (3),
e così ha fatto. Si vede che il Padrone ha ri-
conosciuto che le altre vie conducevano a scon-
volgimenti. E così è difatti.

Qui vi sono stati giorni torbidi, perchè il popolo cominciava ad accorgersi che il partito go-
vernativo (non il Papa) s'immaginava come altre
volte che le promesse, e tuttociò fosse *per ridere*,
e il popolo invece le vuol sul serio. S'è fatto
un indirizzo, al quale son già 5 m. firme, ora ne

(1) Giuseppe, il famoso triumviro del Governo provvi-
sorio toscano.
(2) Pellegrino.
(3) Date dal Papa e dal suo Governo.

verranno dalle provincie. Non domanda oltre il premesso, bensì l'esecuzione di questo. Sta per uscire la Guardia nazionale. Dicono la legge ben fatta. Con questa speranza il paese è quieto.

Quanto al mio manoscritto vi prego di vedere con Galeotti (1) se la cosa è combinabile, e farmelo sapere; che per molte ragioni non posso ritardare oltre la pubblicazione, e tra le altre perchè oggi il mondo gira in fretta, e con esso trapassano certe opportunità (2).

Ho dati i vostri programmi e quanto al raccomandarli non ce n'è bisogno, che li vedo bene accolti.

Salutatemi gli amici e vogliatemi bene.

M.° AZEGLIO.

Roma 4 Luglio, 47.

Preg. Signore,
Sig. Vieusseux, Gab. di Lettura S. Trinita, Firenze.

Caro Vieusseux

S'è sparsa qui una voce, o se non sparsa, è sorta almeno e corre fra persone importanti, che mi par bene verificare, non essendo io affatto persuaso della sua realtà. Mi dirigo a Voi, e vi prego a tenere tra noi la cosa. Sapete che la pubblicità della consulta ancora non è accordata e che il Papa è esitante. S'è detto che il M.se Ri-

---

(1) Leopoldo, che fu ministro degli esteri nel 1848.

(2) Allude ai *Pensieri sulle condizioni presenti dello Stato pontificio e sulla opportunità e possibilità di una difesa*. Firenze, 1847.

dolfi (1), abbia scritto qui di non accordarla, perchè altrimenti in Toscana si verrebbe presto a una costituzione. Non credo assolutamente che ciò sia vero: pure vorrei che me ne diceste una parola con certezza.

Le cose qui vanno zoppe, oscillanti, incerte, ma pure vanno. V'è una forza che spinge tutto, maggiore d'ogni ostacolo, d'ogni astuzia, d'ogni frode. In questa mi fido. Le cose di Napoli, se, come pare ormai certo, finiscon bene, sono il compimento della nostra rivoluzione. Dice bene Balbo — *Iddio lo vuole.*

A proposito di Balbo avrete visto i pettegolezzi del nostro giornalismo. È un fatto singolare che tutto a Roma abbia ad essere in peggior condizᵉ che nel resto d'Italia. Vedete il giornalismo, anch'esso, che miseria è? Pare impossibile *un uomo* non si trova qui in nessun genere. Fortuna che ce n'era in provincia, se no si stava freschi. Salutatemi Gino e gli amici, i miei rispetti al M.ˢᵉ Ridolfi e vogliatemi bene.

V.ᵒ di cuore M.ᵒ Azeglio.

Roma 22 Genn. 48.

(Risposta alla precedente. — Minuta)

A M.o d'Azeglio, Roma.

Firenze a di 24 Gennaio 1848.

Mio Carissimo Azeglio. Ricevo la Vostra del dì 22, e rispondo senz'indugio. Il poter dire *con*

---

(1) Il Marchese Cosimo Ridolfi fece parte del ministero Cempini nel settembre del 47. Ebbe poi la presidenza del primo gabinetto costituzionale toscano. Cadde per i tumulti avvenuti nel luglio del 1848.

certezza che una cosa *non è*, è caso raro; come non è facile il far una prova negativa — ma quel che vi posso dire è che sono intimamente persuaso della falsità della voce sorta costì in proposito di una lettera scritta al Papa da un mio amico, e che conosce troppo bene i principj ed i sentimenti di lui per aver a quel riguardo il più piccolo dubbio — Io non ho mai udito ch'egli abbia scritto a Pio IX; la cosa però è possibile; come pure è possibile che uno dei tanti nemici della buona causa che contornano il Pontefice abbiano (quando Pio IX abbia mostrato la lettera) cercato di dare un'interpretazione sinistra a qualche frase innocente, ad una di quelle tante riflessioni cui possono dar luogo gli avvenimenti che incalzano. Insomma io non temo di dichiarare bugiarda e calunniosa la notizia cui alludete.

Vieusseux.

————

Preg. Signore,
Sig. G. Vieusseux, Gab. Letterario S. Trinita, Firenze.

Caro Amico. Se volete saper l'effetto prodotto a Roma dalle cose di Napoli eccovelo in due parole. Il governo non se n'è dato per inteso, e non ha avuto il senno del Gr. duca e del M.e Ridolfi. Il popolo ha aspettato qualche giorno poi ier l'altro sera vi fu chiasso. Andarono da Corsini, questi andò dal Papa, tornò colla risposta — Fra una settimana secolarizzato parte del Ministero — Organizzazione dell'armata da Ufficiali Piemontesi. La cosa si quietò, ma se non saran fatti, vuol finir male.

È evidente che l'amministrazione attuale tradisce Papa e popolo. I più birbi vogliono spingere al peggio sperando sull'intervento. I più sciocchi non capiscono che rischiano di far un volo dalla finestra. Oggi è già mutato il governatore, e al suo posto messo d. Michele Caetani. Vedremo il resto. Secondo me il governo clericale *ha vissuto*. Ma come s'ordinerà ? che farà l'Austria ? La costituzione accennata nel d.° Motuproprio, non si crede possa dar pretesto all'intervento ? con quella maledetta inversibilità ?

Basta, sarà quel che Dio vuole.

Prepariamoci ad esser saggi nella fortuna, come forti nella sventura, chè tutte le armate d'Europa non ci possono ammazzare più d'una volta.

Salutatemi Gino, Galeotti e gli amici.

V.° di cuore

Roma 9 Febb. 48. AZEGLIO.

A G. P. Vieusseux, Firenze.

Egregio Amico !

Le notizie che mi date del nostro Tommaso (1) mi tornarono singolarmente care, perchè almeno lo so fuori da imminente pericolo ; ed è un'ansia di meno; ho una persona cara di meno sulla quale cotidianamente trepidare. Perchè in verità (oltre il pubblico lutto) ore crudeli mi fa passare

---

(1) Tommaso Gar, nato a Trento nel 1808, morì in Venezia nel 1871. Collaborò nell'*Archivio* del Vieusseux. Rappresentò nel 1848 il Governo di Venezia a Parigi.

il pensiero di tanti amici qua e là disseminati
tra i pericoli e le angoscie.

Nulla di nuovo, che Voi non sappiate, so dirvi,
e, anche sapendolo, mi guarderei. Appena avuta
la lettera della Baronessa (1) risposi, ma secondo
il suo avviso, risposi a Firenze; e sentendola
lontana di costì, non vorrei che la lettera o gia-
cesse tra le stampe della posta, o isse smarrita.
Agli amici, dei quali, per vostro mezzo, mi parlò,
scrissi pure, avventurando, piuttosto che inviando
lo scritto, Morelli (2), col quale fo vita assidua,
sta bene, e ricambia con affetto i vostri saluti.

Lo Scarabelli (3) fu malato, e nol vidi ancora;
ora però sta bene.

Mi farete una singolar cortesia nel ricordarmi
al Capponi, ch' io venero e amo veramente; e
se talvolta anche la bontà di scrivermi di nuovo,
parlatemi di Lui, e del Giusti, che se sapessi
ove egli è, gli manderei volentieri un addio.

Qual cuore sia il Vostro e qual sentimento in
queste settimane lo imagino, e ne patisco. Ma
v' à qualche cosa di più forte che la forza degli
eserciti; qualche cosa di più duraturo, che non
sia la durata di noi e delle nostre triviali mi-
serie; ed è uno spirito che vien dall' alto, e
va innanzi — Rompo il periodo, perchè sento
che la penna vuol correre. Ricordatemi con gratitudine al Canes[trini] e ricordivi di me, che vi

---

(1) Prochaska, amica del Gar.
(2) Il Senatore Giovanni, di Bergamo, valente critico
d'arte che morì l'anno passato.
(3) Luciano, storico e filologo egregio.

ricorderete di chi stima ed ama le Vostre virtù.
Con tutto il cuore, Addio.

ALEARDI.

17 Giugno 1849, Genova.

A. G. P. Vieusseux.

Mio egregio Amico.

Ecco il salmo che dovea finire in gloria, termina in requiem. E qual requiem per Dio! — La caduta dell' Ungheria m' à impietrato come il piombar della folgore: ma la caduta di Venezia mi fa patir delle ore, che ò patite solo quando è morta mia madre che adorava — O mio amico, se su questa terra di martirio non ci fosse qualche creatura che m'è santamente diletta, io porrei il piede sul primo battello che varca l' Atlantico, e andrei a cercare lenta consumazione, e sepoltura nei vergini deserti dell' America. Perdonate allo sfogo di quest' anima coperta di lutto.

Ora a compiere l'opera caina non manca altro che far discendere la bandiera italiana dalle torri piemontesi, sciogliere un parlamento, e seppellire uno statuto: e lo faranno — Perocchè Dio, da monarca assoluto come ce lo dipingono i Teologi, pare ami nuovamente le monarchie assolute.

Avrete forse ragione di lamentarvi di Tommaso; ma, parmi, dicessemi d'avervi scritto da qualche parte.

Voi sapete com'è fatto. Egli venia da Parigi, egli partiva per Costantinopoli, con ancora molta

fede nel cuore. Perciò non gli cadde nemmeno
per la mente di fermarsi in Francia. Era fidente
nella forza magiara, era fidente nella resistenza
di Venezia, nè le mie parole scoraggiate potevano punto su lui. Ora o a Malta, o a Corfù
avrà sentito piombargli il fulmine: e Dio sa qual
partito piglierà. Nella seconda di quelle isole
diede la posta alla Baronessa, ed ella forse lo
consiglierà per il suo meglio. — Povero lui,
poveri noi, povera la nostra patria, che si vede
uno ad uno, a guisa di Niobe saettare i suoi
figli! Tralascio perchè mi sento morire. Addio:
salutatemi quei pochi onesti che son costì, e vogliatemi bene.

28 Agosto 1849, Verona.   Il vostro ALEARDI.

Vi prego del solito favore.

Al Celebre e Nobil Uomo D: Gio Batista Niccolini,
Segretario dell' Accademia delle Belle Arti, etc. etc., Firenze.

Egregio Amico!

Permettete che l' affetto abbandoni le cerimo-
nie e si valga delle schiette formule del suo vero
linguaggio. Ho ricevuto soltanto oggi la Vostra
carissima lettera. Ed io pure volevo scrivervi per
ringraziarvi delle tante gentilezze onde mi foste
cortese, e per dirvi che in tutt' Italia mi si parlò
di Voi e delle cose Vostre con la più viva ammirazione, con la più calda simpatia, e per mandarvi i saluti della famiglia Gargallo, del Cav. de
Cesare, di Mons: Mazzarelli, saluti che avrei bra-
mato di portarvi io stesso, ma chiamato in pa-

tria da importanti affari di famiglia dovei fare la strada delle Marche. Lodo altamente il disesegno dell'*Archivio Storico Italiano*, e prego Voi e il Vostro degno amico Gino Capponi e gli altri generosi Vostri compagni di non *lasciare la magnanima impresa*. Deh, voglia il cielo che l'Italia impari finalmente a tenere nel debito pregio i tesori della sua storia!

Ma mi riservo di scrivervi di quella impresa a migliore occasione. E vi scriverò pure qualcosa intorno al mio *Racconto*, di cui voglio fare una nuova edizione trasportando, come già Vi dissi, in note le cose storiche che possono stare da per se e introducendo qua e là alcuni cambiamenti. Il Vostro giudizio di tanta autorità sì per l'altezza del Vostro ingegno sì per la nobiltà del Vostro carattere, che io andai ripetendo in ogni luogo d'Italia essere quello di un *antico* Italiano, e l'accoglienza fatta al *Racconto* specialmente a Napoli (ove se ne spacciarono tre edizioni in men d'un anno) m'hanno confermato nel pensiero di quella ristampa. Frattanto mantenetemi la Vostra preziosa amicizia, raccomandatemi all'esimio Capponi ed agli altri onorevoli amici, e datemi qualche opportunità, affinchè io possa mostrarvi col fatto quanto sia grande l'ammirazione, quanto sia sincero l'affetto con cui mi glorio di essere per sempre

Il Vostro GIO. COLLEONI (1).

Milano addì 22 Aprile 1841.

_____

(1) Giovanni Colleoni, gentile poeta, molto stimato dal

P. S. Quantunque io vi scriva da Milano, ciò nulla ostante dirigete sempre la Vostra lettera a Bergamo, ove ha domicilio la mia famiglia.

Al Celebre e Nobil Uomo Signor D. G. B. Niccolini,
Segretario dell'Accademia delle Belle Arti,
Socio dell'Accademia della Crusca, etc. etc. Firenze.

Milano addì 3 Maggio 1841.

Mio caro e celebre amico !

La Vostra gentilissima lettera (ricevuta jeri) mi ha commosso, vivamente commosso. Oh quanto mi congratulo con me stesso di avervi saputo conoscere anche prima di vedervi, di aver saputo conoscere voglio dire, che il vostro cuore è pieno delle più generose affezioni, e che appunto perciò diviene tanto più sublime il Vostro ingegno.

Ciò che Voi mi consigliate rispetto al *Milite*, con espressioni di tanta benevolenza e gentilezza, io già feci in parte. Lessi e rilessi quell'opera nel silenzio dell'amor proprio, la sottoposi all'esame di giovani donne colte, appassionate, di madri amorose, infelici; mi studiai di raccogliere i giudizj che ne venivan portati da lettori varj di opinioni, di sentimenti, di educazione, e mi convinsi che in quanto agli affetti ed ai caratteri non ci dovevo fare alcun cambiamento. Ma taluna di quelle donne stesse che mi affermarono di aver pianto per le sventure d'Imèa, di Leonida, di Ermiza etc, non mi tacque che, secondo lei, l'azione procede troppo lenta nei due primi volumi del *M'lite*, sicchè talvolta ebbe a provare una specie d'impazienza, etc. etc.

Niccolini; il quale, per la ristampa del racconto intitolato *Isnardo o il Milite romano*, gli mandò molte correzioni.

Sono pienamente del vostro pa.ere, in riguardo alla lealtà ed al merito altissimo dell'Ambrosoli come critico. Egli pubblicò un articolo sul *Milite* dandone un sunto (che poteva essere più esatto) e insieme il suo giudizio, in cui francamente mise innanzi alcune critiche, ma fu pure larghissimo di lodi, dicendo che *la potenza del Colleoni come scrittore risplende sempre in grado eminente così per l'arte di commuovere*, etc. come *per la purità scrupolosa della lingua e la padronanza dello stile sempre italiano*, etc. etc. E notò fra le altre cose che il romanzo del *Milite per essere tutto invenzione lascia intatte le ragioni della storia, nè preoccupa il giudizio de' lettori sopra fatti o persone che importa di conoscere quali furono davvero. E questo* (soggiunge il critico) *pare a noi che sia cosa di molto rilievo dopo tanta e tanta fortunata licenza in contrario. Ma non per questo il libro del Colleoni è manco storico degli altri romanzi.... perchè ci viene rappresentando l' Italia nel secolo XIII con rara sapienza e fedeltà scrupolosa.* Io vi riporto queste parole con una confidenza veramente fraterna, tanta è la fiducia che m' inspirate, e vi confesso egualmente che mi gode l' animo nel vedere come non sfuggisse all'Ambrosoli uno de' principali intendimenti del mio libro. Il crear de' fatti e de' personaggi e il collocarli in mezzo agli eventi e all' atmosfera di un secolo per isvelarne il concetto storico, è, se non m' inganno, l' unico modo di far sì, che il romanzo diventi strumento di civiltà. Nessun giornale però seppe meglio della

Rivista Viennese dare un' idea del modo, con cui
cercai di maneggiare nel *Milite* l' elemento storico e l' elemento filosofico ; essa fece un cenno
dei caratteri de' principali personaggi del Racconto Italico, in ognuno de' quali disse di trovare
un epilogo del Duecento considerato nelle sue qua-
lità più notabili.

Del resto con la ristampa del *Milite*, mediante
pochissimi cambiamenti, spero di soddisfare alle
critiche dell'Ambrosoli. Ma le critiche di questo
valentuomo non mi bastano. Io bramavo arden-
temente fin da quando ero a Firenze (e per poco
non ebbi l' ardire di gettarvene una parola), io
bramavo che Voi aveste la somma bontà di leggere il *Milite* tale quale ho intenzione di ristam-
parlo e di notare, sia rispetto alle cose, sia rispetto alle parole, tutto ciò che Vi spiacesse,
facendo insomma per me quello che già faceste
pel Manzoni. Deh, caro e venerato amico, non
mi negate questo favore ! Io ve ne prego quanto
so e posso. Non vi parlo della gratitudine, etc.
che ve ne professerò ; Vi dico solo che Voi potete farmi un gran bene co' Vostri consigli. Non
avrei certamente osato di aprirvi in tal modo
l' animo mio, se la Vostra ultima lettera non
me ne avesse offerto una si bella occasione. Datemi una pronta risposta intorno a ciò ; l'aspetto
ansiosamente. Se la risposta sarà favorevole, io
Vi manderò per mezzo di un mio amico, che verrà
costì nel mese di giugno, una copia dei tre primi
volumi del *Milite* con le correzioni ed i cambiamenti, che vi sto facendo, notati ne'margini del libro,

e Vi manderò quindi gli altri due volumi. Voi di mano in mano che avrete finito di leggere (già s'intende, a tutto Vostro agio) i volumi, potrete farli avere a quell'amico, o piuttosto verrà egli a prenderli per ispedirmeli tosto in Lombardia.

Ricevete i miei cordiali ringraziamenti per le dimostrazioni della Vostra preziosa amicizia, onoratemi di qualche Vostro comando affinchè io possa mostrarvi col fatto la mia ammirazione e l'amor mio, rammentando la mia stima all'Egregio Capponi ed agli altri personaggi ch'ebbi la fortuna di conoscere in casa di lui, e colla speranza di potervi rivedere costì nel venturo anno mi glorio d'essere tutto vostro

GIOVANNI COLLEONI.

P. S. Vorrei avere una cartella d'associazione all'*Archivio Storico* per farvi soscrivere qualche mio amico. — Mi sono dimenticato di significarvi che un bravo giovine di Napoli, il Sig. Don Gabriello De Stefano (1) mi diede alcune sue operette da presentare a Voi. Ma quelle operette del pari che tutti i miei libri dovetti lasciarli a Roma, donde li aspetto di giorno in giorno. Il De Stefano fu da me avvertito con lettera del ritardo involontario. Di nuovo Vi saluto e mi Vi raccomando. È inutile che Vi rammenti di scrivermi col solito indirizzo a Bergamo.

---

(1) Filologo Napoletano.

Al Celebre e Nobile Uomo
Sig. D. Giambattista Niccolini, Accademico, etc. etc., Firenze.

Bergamo, addi 24 7bre 1841.

Mio caro ed illustre Amico!

Eccovi finalmente il primo volume del *Milite*. È per me una vera consolazione il pensiero ch'esso verrà esaminato da Voi, che io amo e venero qual maestro dello stile Italiano, di quello stile che piglia la forma dalla ragione e insieme dagli affetti più generosi.

Ho tolto dal detto volume tutto ciò che non era necessario. Non Vi dimenticate però nello scorrerlo, che in esso vengon tesi i fili di una tela molto vasta o, come disse qualche critico, soverchiamente vasta. Ma s'è vero, come fu pur notato dai critici, che la moltiplicità de' casi non vi genera mai confusione, io non mi so pentire di quella vastità. Mi sono studiato di far sì che tutti i fili collimassero ad un punto di unità fondamentale e che tutti i *casi che s'intralciano* nel Racconto *fossero per se stessi una rappresentanza di que' tempi d'immaginazione e di forza, i quali procedevano, attraverso a' più variati avvenimenti, in mezzo a scene innumerabili che s'intrecciano in una scena comune.* Così la *Rivista Viennese.* Converrebbe che mi faceste il sommo favore di rimandarmi un cento pagine circa del *Milite* prima della fine di ottobre, dovendosene pubblicare la prima dispensa in novembre. Staccate quelle pagine dal volume e speditele a Milano col mezzo indicatovi e coll'indirizzo seguente « *Al Sig^r Consigliere di Governo Don Giulio Cesare Imperatori Presidente e Intendente delle Finanze della pro-*

vincia di Milano ». Mercè di questo indirizzo, non vi saranno ostacoli per parte della Censura e il pacco mi verrà consegnato subito.

La diligenza è lì per partire e perciò non Vi scrivo altro, ma con tutti i sentimenti più sinceri che possono essere ispirati dalla simpatia, dall'ammirazione e dalla riconoscenza mi protesto per sempre e Vi abbraccio.

Il Vostro GIO COLLEONI.

P. S. Io misi nel frontespizio del Racconto — *Isnardo o sia il Milite* attenendomi alla Crusca ; ma non sarebbe egli meglio seguir l'uso toscano e dire in quella vece *ossia* come vedo che si è fatto nell'annunzio dell'*Archivio Storico*? Abbiatemi per iscusato, comandatemi e credetemi.

Al Nobil Uomo, Il Sig.r Professore Montani, Lodi.
Roma 13 Dec. 1817.

Cosa mai dirà il pregiatissimo Sig.r Montani nel vedere una sì tarda risposta alla Sua lettera che ben da tre mesi indietro si compiacque inviarmi ? Al giunger di questa io mi trovava in campagna, nè alcuno si prese cura di spingermela al luogo della mia villeggiatura, credendo che di giorno in giorno mi sarei restituita alla Capitale ; ed ecco che al mio ritorno ho insieme il piacere di veder Suoi caratteri, ed il rincrescimento di comparire mancante con chi tanto stimo. Le sono molto grata del gentile pensiere d'inviarmi altre Sue produzioni, delle quali il primo saggio mi ha resa avidissima. Non ancora però ho ricevuto nulla, nè so da che ciò dipenda, perchè non ho potuto ancora abboccarmi col C.r Derossi essendo io stata in casa per qualche incomodo senza vedere gente, ma spero vederlo quanto prima.

Mi fa pena quanto mi dice sul nostro Sgricci (1)! I bei genj meritano di essere incoraggiti, anzichè bersagliati ed avviliti; ma chi può difendersi dagli obliqui colpi dell'invidia? Penso d'altronde che il non vedere alcun paragrafo su di ciò nei pubblici fogli è buon indizio, mentre a quest'ora la tempesta che minacciava dovrebbe essere scoppiata; staremo in attenzione in progresso di tempo. Qui è certo che si fa molta stima di tal poeta estemporaneo ed è cara la di lui memoria fra noi. Ora abbiamo una tal Sig:a Taddei (2) (donna di teatro) che improvisa con alquanta lode, tanto più che la sua età di anni 18 fa sperare maggiori frutti in tà più matura. È stata fatta in Arcadia un'ad nanza in suo onore, e siccome molti si sono diffusi nel lodare in genere la facoltà dell'improvviso, ed i migliori che l'hanno esercitata, ha risonato molte volte il nome di Sgricci.

Il piacere di trattenermi alquanto con Lei mi ha fatto essere alquanto prolissa, emendiamo il difetto e si termini.

Sua Dva Oba Serva
ENRICA ORFEI (3).

───────────

(1) Celebre come improvvisatore, e celebre anche per essersi macchiato di turpi vizî.

(2) Rosa, di Trento. Morta in Roma nel 1869. Era sorella dell'artista Luigi.

(3) Poetessa romana, figlia di Marianna Dionigi, che fu pittrice ed archeologa.

www.ingramcontent.com/pod-product-compliance
Lightning Source LLC
Chambersburg PA
CBHW052344090426

42739CB00011B/2308